KAWACHIGAKU

「河内学」の世界

大阪経済法科大学 河内学研究会 編

清文堂

「河内学」の世界

目次

目　次

装幀／森本良成

緒言　「河内学」のこと

浅見　緑
橋本　久
前田晴人

＊

大阪経済法科大学では、二〇〇二年四月以来教養部の講座のひとつに「河内学」を開設し、本学に籍を置く教員を中心にして、八尾市や近隣諸市に住まいを構えておられる先生方や、河内の自然環境・歴史・地理・考古・文学・民俗・宗教などの諸分野で専門的な研究を行っておられる研究者の方々にも委嘱し、四月から七月までの春学期の期間に限定してオムニバス形式の講義を行ってきました。本学は八尾市に二つのキャンパスを構えており、生駒山地の山裾に当たります八尾市楽音寺に花岡キャンパスがあり、近鉄大阪線八尾駅に近く八尾駅前キャンパスが二〇一二年四月に新設開学いたしました。八尾市の中心部に新たな学修の拠点が生まれましたので、「河内学」を今後一層充実・発展させていく上での大きな契機が得られたと考えております。そこで、本年度からは「河内学」を公開講座として広く一般に開放することにし、ご希望の市民の方々にも積極的に受講をお勧めしているところです。

「河内学」の講義は現在学生と市民を合わせおよそ七十名前後で行われています。本学の学生は地元をはじめさまざまな地域から通学していますが、自分が通う大学の立地する地域の自然環境や歴史・文化を勉強したいと希望する学生が増えています。大学と自宅・下宿を往復するだけの学生生活には十分な満足感が得られないのは当然でしょう。また、講義に参加されている市民の方々は本地域にお住まいということもあり、自然環境や歴史・文化・さまざまな地元の行事などを知悉されており、我々の知らないことでご教示ご指摘を賜ることも多く、たいへんありがたい存在でありまして、講義終了後に思いがけない質問を受け、勉強不足を痛感させられることが多々あります。

生駒山地西麓の花岡キャンパスの周辺地域には、大阪府下でも珍しく緑豊かな自然が残っておりまして、高度成長期の住宅開発の波がほとんど及んでいない閑静な農村の風景があります。村の中を通る曲がりくねった里道を歩いていますと、農家と農家の間にひょっこりと鎮守の森や地蔵堂が姿を現すことがあり、田畑の畔道の片側に思いがけず小さな溜池がしばしば眼前に出現し、本地域は大阪府下でも有数の溜池保全地区であるという特徴を実感していただけます。また畑を観察しますとこの地域では花卉《かき》の栽培が盛んなことがわかり、季節ごとにいろいろな花が平野から吹きあがる風にそよいでいるのを見ることができます。

自然環境に恵まれているだけではありません。当地には国史跡に指定されています大型の前方後円墳・心合寺山古墳があります。学生諸君が通学に使用するバスの窓から見えているあのひときわ大きな古墳がそれですが、今では古墳について学ぶ「しおんじやま古墳学習館」が付設されていますので、学習館でひととおり勉強したあといちどは墳丘の上によじ登り遠い祖先の歴史に想いをめぐらせていただきたいと思います。この古墳を中心にして付近は古代豪族たちの墳墓になっていたらしく、小高い丘の上や尾根筋には多くの古墳が点在しています。

これらの古墳群は、すでに明治初年に来日した欧米の研究者たちが調査し、その成果を報告書として発表し、広

ふれあい池に棲息するニッポンバラタナゴ(絶滅危惧種)

現地見学学修　式内・玉祖神社

く世界に日本の古墳として紹介しました。近年の調査を経て、このたび国史跡「高安千塚古墳群」となりました。
東高野街道から山手に向かって急峻な里道を登って行きますと、十数分で山腹の最も奥に鎮座する式内社の玉祖神社に到着します。玉祖（タマノヤ）という名前の通り、勾玉を作る豪族が祖先の神を祀っていた神社ということができます。東高野街道に沿う大竹遺跡・高安遺跡や、恩智川に近い池島・福万寺遺跡などからは古墳時代の大量の勾玉などが出土していまして、近畿地方でも有数の攻玉遺跡が密集しているのです。神社の境内には巨樹が鬱蒼と茂り、目を西の方に向けますと大阪平野・大阪市街地の大パノラマを観望することができ、遠くは六甲や淡路島の山影を望むことができます。ほんの一部を紹介しただけですが、このように大学の周辺地域には都市生活では得られない潤いと、なつかしい文化的な景観や風光が漂っているのです。

＊

ここで受講生の感想を聞いてみることにしましょう。これを読めば「河内学」の講座がどのような内容のものかが端的に理解できると思います。文章には余計な手をいっさい加えておりませんので、そのつもりでお読み下さい。

私は私たちの通う大学のあるこの八尾について詳しく知りたいと思い、河内学を受講しました。授業では先生方がそれぞれ専門的な河内についての知識を教えて下さり、毎回とても意欲的に取り組むことができました。授業を通し、河内地域の地理や歴史、自然環境や民俗、文学や都市化など多くのことを学びました。なかでも印象的であったのは実際に八尾市立歴史民俗資料館へ行き、河内木綿の実物を目にしたこと、作業の一部を体験したことです。私たちが体験した作業はごく一部でしたが、一連の作業を通し、上質なものを生産していた昔の河内の人々の作業の大変さや技術の高さを知り、とても驚きました。河内について知ることで、今私が暮らすこの八尾がとても身近に、そして少し愛おしい存在となりました。これから生活する上で更に河内について知りたい、また地元についても更に知りたいと改めて思うことができました。ありがとうございました。

〔法学部・女子学生〕

高安地域を中心とした河内の色々な側面を学べたと思う。朝鮮半島との古代のつながりはとても興味深かった。新羅や百済と古代日本の政治的かけひきには歴史的ロマンを感じた。また高安には、昔、在原業平が来たということで天皇家との深いつながりもあるんだなと驚いた。散策では古墳の石室や産業を知ることができた。八尾市内の再開発問題における商店街の衰退化、地元コミュニティーの崩壊等の講義では、多くのことを考えさせられた。GMSが中小小売店舗を圧迫するのは、自由主義的な競争という視点から見れば妥当であるかも知れないが、地元の文化や、懐かしみのある風景を一挙に破壊し尽くしているのは間違いないだろう。古代から伝わる祭事・神事・年中行事の講座では、そのような人々の営み、神への信仰と慈しみを感じることができた。経済的繁栄はもちろん大事だが、神を敬い、先人が残した祭事を受け継いでいくのも大切だと河内学で強く思った。

〔経済学部・男子学生〕

受講生はみんな熱心に講義に参加し、「河内」を自分の生活の問題の一部として捉えてくれていることが手に取るようにわかります。自分の住まいや大学のある土地や郷土に対する愛情、過去からの遺産を大切に守っていきたいという気持が滲み出ている文章が綴られています。また数回にわたり大学の外に飛び出して周辺の地域の風物や遺跡に直接触れる機会をもつこともきわめて貴重でありまして、八尾市立歴史民俗資料館での体験学修が「河内学」の本領のひとつであるということも理解していただけるものと思います。

＊

さて、「河内学」の対象は言うまでもなく「河内（カワチ）」にあります。「河内」という言葉は明治時代以前の旧国名で、現在では一般に使用されていませんが、河内ぶどう・河内音頭・雑誌『河内どんこう』、あるいは河内磐船・河内森（京阪線）・河内永和・河内小阪（近鉄奈良線）・河内山本・河内国分（近鉄大阪線）・河内天美・河内松原（近鉄吉野線）・河内堅上（JR大和路線）などの駅名、河内長野市・南河内郡・河内警察署などの行政機関や企業名などに存続しておりまして、日常生活のさまざまな部面で「河内」という地域を強く意識する心意が今でも多くの住民・市民の中に生きづいています。また大阪市内の住民で四条畷・大東や八尾・東大阪の方面、あるいは藤井寺・富田林・河内長野方面へでかける時にも、その地域が「河内」なのだということを知っている人々が多く存在します。「河内」という地域が織りなしてきた伝統と歴史と文化が今も明確に遺存しているのです。

右の説明では「河内」とひと言で片づけましたが、同じ「河内」でもそれぞれの地域によってかなり風光・風土や住民の意識が異なる面にも注意を払う必要があります。おおざっぱに言いますと、旧制の「河内国」の範囲は、北は淀川、東は生駒・金剛山地、南は和泉山脈、西は平野川の流路を目安とする地域となりますが、その守備範囲は南北方向にきわめて長く、現代の行政区画で言いますと北は交野・枚方・寝屋川・守口市から、大東・四条畷・東大阪・八尾・柏原・松原・藤井寺・羽曳野・大阪狭山各市と堺市美原区、南は南河内郡太子町・河南町・千早赤阪村・富田林・河内長野両市に及び、西は一部大阪市の東部地域を含みます。「河内」は意外に広い国だという実感が得られたことと思いますが、郡の分割や再編成の経緯を省きますと、旧制の河内国は次に列記します一四の郡

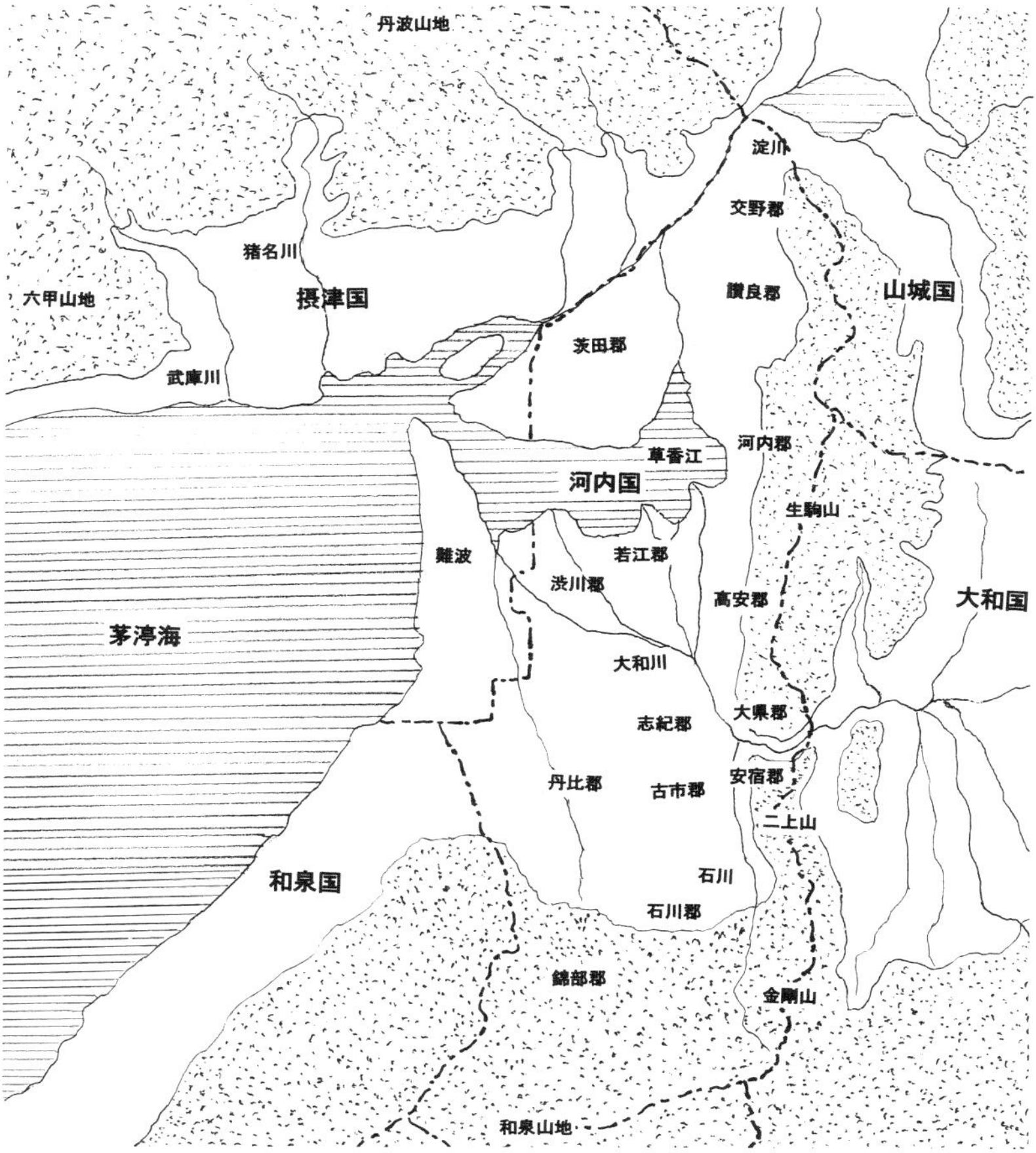
丹波山地
淀川
交野郡
猪名川
六甲山地
摂津国
讃良郡
山城国
茨田郡
武庫川
草香江
河内郡
河内国
生駒山
難波
若江郡
渋川郡
高安郡
大和国
茅渟海
大和川
大県郡
志紀郡
安宿郡
丹比郡
古市郡
二上山
石川
和泉国
石川郡
錦部郡
金剛山
和泉山地

図　古代の河内国

から成っていました。掲載しております地図といちど対比してみていただければ幸いです。

A　交野郡　茨田《まんだ》郡　讃良《さらら》郡
B　河内郡　若江郡　高安郡　渋川郡
C　大県《おおがた》郡　安宿《あすかべ》郡　志紀郡　古市郡
D　丹比《たじひ》郡　石川郡　錦部《にしごり》郡

右のAからDまでの区分(ブロック)はもちろんかなり便宜的な措置で、何らかの特別の判断基準があるわけではありません。近世以前の「河内国」を南北方向で大まかに四ブロックに分けることができると判断しただけのことです。本書では、淀川と寝屋川に接するAブロックを「北河内」と名づけ、新・旧の大和川の流域に当たりますB・Cの地域を本学の「河内学」が主に扱う「中河内」と呼ぶことにします。残りのDの地域は「南河内」となります。もちろん扱うテーマによっては「河内国」の全域が対象となる場合もありますので、あまり厳密な地域区分や定義にはこだわらないようにしたいと思います。

郡という制度は藤原京時代の大宝元年(七〇一)に発足しました。大宝律令という完備した法典が施行された年に当たります。七世紀中葉の大化改新の時に地方を評(コホリ)という区画で細かく分割する制度が成立しますが、郡制は基本的にそのあとを受け継いでいます。それぞれの郡にはその土地に古くから支配権を築いたさまざまな豪族たちが居住しておりまして、彼らを主体として地域色豊かな伝統文化が生みだされ、独自の特色を備えた歴史的世界が形成されていきます。河内の渋川郡を中心とする地域は古代の有力豪族物部氏の本拠地とみられ、交野郡の百済王氏、茨田郡の茨田氏、河内郡の中臣氏、若江郡の三野県主氏、高安郡の玉祖氏、志紀郡の土師氏・安宿郡の飛鳥戸氏・丹比郡の丹比氏などの諸氏族がそれぞれの郡域の支配的勢力となっていました。

律令制の国と郡は古代から中世・近世を通じてそれぞれの時代の支配層・権力者たちの勢力基盤や民衆の共同生活のための根拠となったもので、河内国の各郡もそのような性格と特質を備えた地域であり、さらに河内には広く渡来人が密集して居住しておりましたので、大陸・半島の高度な文化・文物が早くから導入され、技術と生産力や文化の質の面できわめて高い土地柄となりました。本書に収載しました論考で郡の表記が出てくる場面がありましたら、ここに記したことを思い出して参照してみて下さい。

ところで、「河内」はその国名からもわかりますように、河川が造りあげた国という特徴を備えています。それが証拠に藤原京・平城京などから出土する木簡には「川内」と書かれたものがあり、和銅六年(七一三)の行政地名改定以後に「河内」表記が定着するようになります。河・川というのは具体的には淀川と大和川・石川で、とりわけ大和川が中河内地域に最も深い関係にある河川ということができます。しかし、掲載した地図を御覧になれば、大阪平野とその周辺部は多くの河川や大阪湾に抱かれた水域の環境下にあったことが理解いただけるものと思いますが、七世紀以前の時期に河内・摂津・和泉を含む広い範囲が「河(川)内国」と呼ばれていたのはおそらくそのためです。

河川が国を造るということは、河川のさまざまな恩恵を得て国力や民力が増すことを意味する反面、数えきれないほどの洪水を始めとする自然の災禍を受けた事実があることをも同時に意味しています。歴史的にみれば「河内」の人々は日々水との戦いに明け暮れた生活をしてきたとも言えます。本書に収載しました論考の多くは必ず何らかの形でこの問題を取り上げていますので、じっくりとご味読いただきたいと思います。

河内の自然と環境保全

加納義彦

一　高安地域の自然環境と地場産業

大阪府八尾市高安地域(約八平方キロメートル)は、大阪市中心部から直線距離で約一五キロメートル、鉄道で約二〇分の大都市近郊地域であり、八尾市の中で最東部に位置します。

★　生駒山麓高安山の西向き斜面に位置し、小規模ため池が多数分布する

高安地域は生駒山麓の高安山西側斜面に位置します。生駒山地は傾動地塊であり、大阪府側(高安地域側)は急斜面となっており、山麓には扇状地が広がります。高安地域には数百のため池が分布し、これらは概ね標高二〇〜一〇〇メートル程度の緩斜面に位置します。

生駒山地は一部の谷筋に植林が見られるものの、ほとんどがアベマキ—コナラ群集あるいはクヌギ—コナラ群集で占められています。山麓の扇状地上には畑地雑草群落が広がり、さらに標高が低い緩傾斜地や平地は市街化が進んでいますが、市街地の中に水田雑草群落が斑状に分布しています。

高安地域は、東側の生駒山地の急斜面から、山麓部の扇状地、そして西端の標高二〇メートル程度の沖積平野まで、多様な地質・地形を有する地域であります。上記に応じて、急傾斜地は樹林地、緩傾斜の扇状地は畑(花卉・植木・枝豆等)と溜池、平野部は市街地と水田という、帯状の土地利用が形成されています。

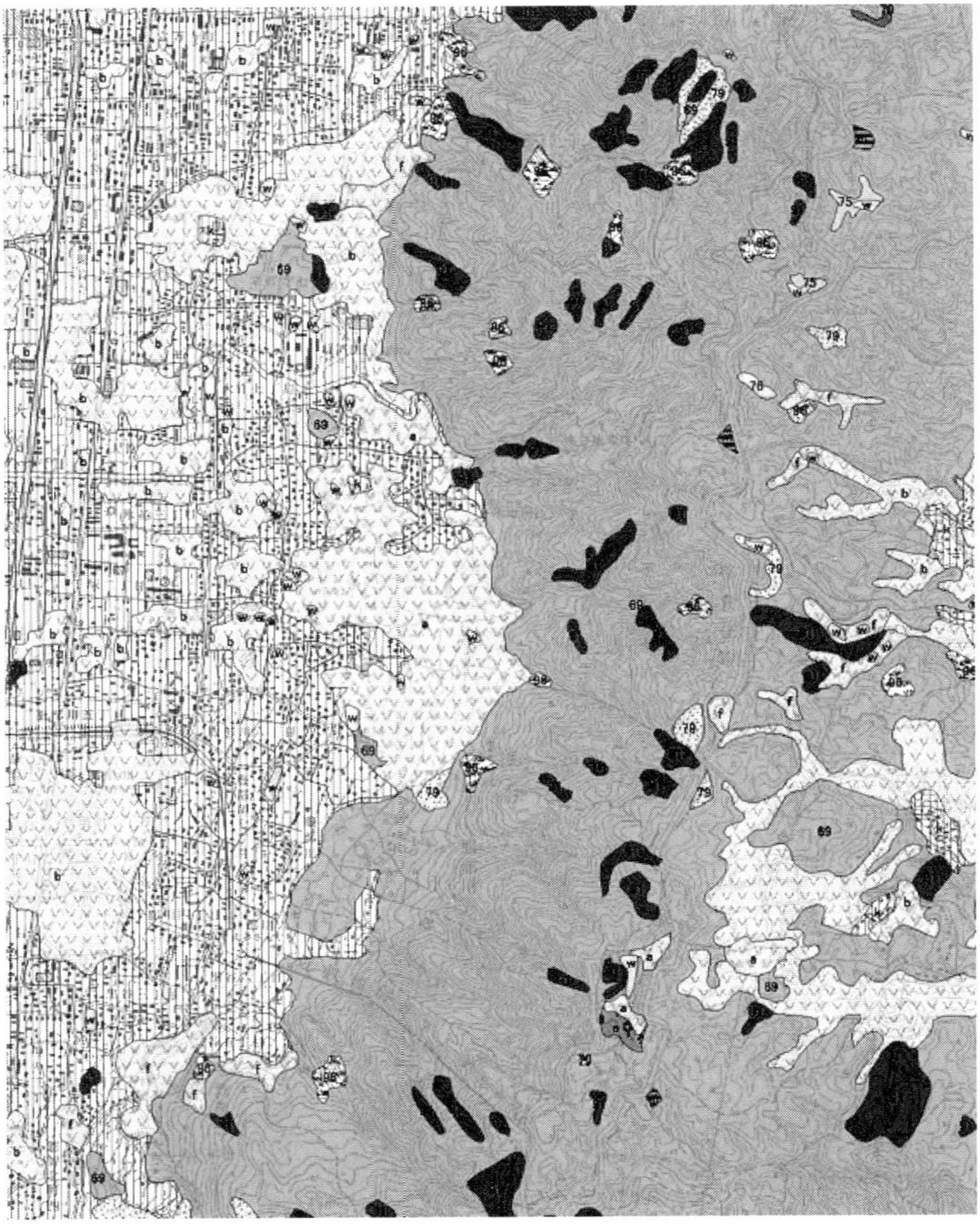

図１　八尾市高安地域の植生（出典：第六回自然環境保全基礎調査）

凡例

- 69，410105　アベマキ―コナラ群集
- 91，540100　スギ・ヒノキ・サワラ植林
- 96，550000　竹林
- a，570300　畑雑草群落
- b，570400　水田雑草群落
- k，580100　市街地
- w，580600　開放水域

★　地場産業の花卉・植木は全国的に高い評価を受けている

高安地域では古くから農業開発が行われ、生駒山地西麓を流下する谷水と湧水、そして、これらを導水・貯水したため池の水を使用し、平野での稲作や扇状地での畑作が営まれてきました。扇状地上では、それぞれの時代の需要を踏まえ、排水性が高い土壌に適応した新しい農業（江戸時代〜明治時代の木綿栽培、明治時代〜現在の花卉・植木栽培）が模索されてきました。現在では、高安地域の花卉・植木栽培は全国的に著名となり、促成開花や芽出しの技術については我が国第一と言われています。また、先人達が苦労して営造してきたため池の中には、いまも現役で利用されているものも多く、平地の水田を潤しています。

高安地域では、弥生時代から谷水や湧水を頼りとして水田耕作が営まれていました。近世初期以降に農業開発が本格化すると、扇状地上に多数の個人所有の小規模ため池が築造され、これによって農業用水の不足を補い、順次農地を拡大させていきました。農業の開発が、谷筋から扇央部や扇端部に拡大し、個人所有の小規模ため池だけでは用水が不足するようになると、水利を改良するために個人池よりも規模が大きな「共有池」が築造されるようになり、個々の農家による水管理と併存する形で、複数の農家の共同による水管理が行われるようになりました。このようなため池のネットワークの発展に伴い、高安地域では、水質の維持と下流の田畑への土壌改良を目的とした『ドビ流し』（池干し）が行われるようになりました。また、地域の住民達は、この作業で獲られる雑魚や貝などを食材として利用してきました。

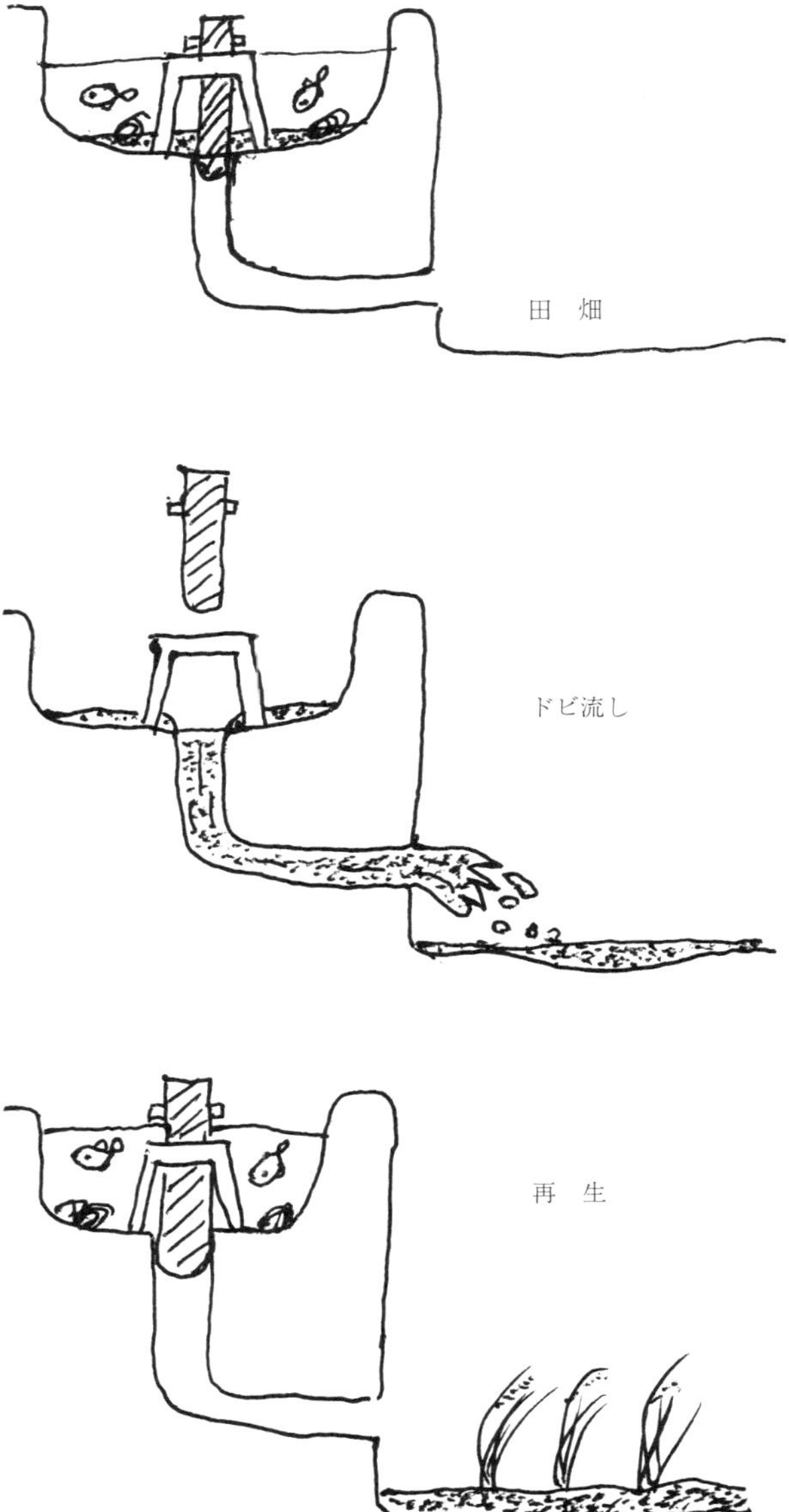

図２　ドビ流し(池干し)によるため池の再生

二　高安地域の問題点

★　農業の担い手が減少している

八尾市は今日も大阪近郊という立地条件を活かした近郊農業地域であるが、近年は農業の担い手が減少しています。高安地域における平成一七年の農家数は一五四戸であります。

★　近年のため池を取り巻く状況の変化

ため池の中には、今日も現役で使われているものがある一方で、農業の水需要の減少に加え、道路建設に伴う地下水脈分断による影響、都市開発圧等の様々な要因で埋め立てられるものも多いようです。また、存続しているため池についても、農業者の減少と高齢化に伴う人手不足で「ドビ流し」が行われなくなってきました。また、コンクリート三面張りへの改修により構造的に「ドビ流し」が行うことができなくなっている場所もあります。このため、ため池の減少や富栄養化が進み、伝統的な水管理手法によって保たれてきた生物多様性が失われつつあります。

★　外来動植物による生物多様性の減少

高安地域にはブラックバス・ブルーギル・ウシガエル・アメリカザリガニ・アカミミガメ・タイリクバラタナゴなど多くの外来種が生息し、在来生物が減少しつつあります。また、アライグマ・イノブタなどの外来動物による農産物の被害も多く報告されています。

（参考：高安地域で生息・生育が確認されている希少動植物）

○環境省レッドリスト掲載種

・絶滅危惧ⅠA類：ニッポンバラタナゴ

・絶滅危惧ⅠB類：ツクシガモ

・絶滅危惧Ⅱ類　：メダカ、ウラナミジャノメ、オオタカ、トモエガモ

・準絶滅危惧　　：オオムラサキ

○大阪府レッドリスト

・絶滅危惧ⅠA類：ニッポンバラタナゴ

・絶滅危惧Ⅱ類　：メダカ、ウラナミジャノメ、マルドブガイ、オオタカ、タマシギ、トラツグミ

・準絶滅危惧　　：オオムラサキ、ヒメボタル、ウラジロミドリシジミ、ミドリシジミ、スミナガシ、ミスジチョウ、オオシモフリスズメ、ホトトギス、カワセミ、ツクシガモ、トモエガモ、オオバン、アオゲラ、クロジ

三　里山林とため池保全

★　里やまとは

里やまとは、狭義には薪炭林あるいは農用林のことでありますが、広義には水田やため池、用水路からなる田圃や畑地、果樹園などの農耕地、採草地、集落、社寺林や屋敷林、植林地などの農村の景観全体を含めることも多いようです。

日本人の多くが知っているメダカやタナゴ、キキョウといった身近な生物が環境省のレッドデータブックの絶滅危惧種になってしまいました。絶滅危惧種の多く生息する場所を「ホットスポット」といいますが、いまや里やまは絶滅危惧種の約半数が生息する日本の主要なホットスポットといわれています。

★　人と自然との相互作用でできた半自然（二次的自然）

裸地は放置すれば草原となり、草原はやがて森林になります。このように時間の経過とともに植生などが一定の方向に変化する現象を「遷移」とよびます。里やまにおける遷移は、溶岩流のあとなどからはじまる「一次乾性遷移」とは異なり、二次的なものであります。遷移は長い時間を経て「極相（クライマックス）」に到達します。

近畿から中国地方にかけての低地では、二次的に裸地ができると、一、二年草本の草地、ススキなどの多年生草本の草地を経て、コナラやアカマツなどを主体とする陽樹林になります。関西、中国地方の里山林はこのような遷移途中相の林であります。しかし、人手が入らなければ林床にはネザサなどの下生えが繁茂し、樹木の成長とともに樹冠に覆われ薄暗くなり、そんな条件でも発芽・成長できる陰樹の侵入を受けます。関東以西の低地では、シイやカシ類などの照葉樹からなる陰樹林を極相として、遷移は止まります。

火山の噴火をはじめ河川の洪水や山崩れ、暴風による樹木の倒壊、落雷による山火事などの自然のイベントにより遷移は逆行します。遷移を後戻りさせる自然への働きかけは「撹乱」とよばれます。里やまにおける樹木の伐採や草刈り、野焼きや池干し(ドビ流し)といった自然に対する人の行為も、人為的な撹乱ということができます。里山林は間伐や下草刈り、落ち葉かきをすることで薪や炭、肥料を得て、結果的に遷移の進行を止めてきました。ため池や水路、そして水田も、それらの機能を維持するために、草を刈り、泥を上げ、補修を行ってきました。

里やまの自然は、人為的な撹乱と自然の回復力のバランスという人と自然の相互作用により成立してきた半自然であり、二次的な自然です。

★ 里山林の生態学的価値

里山林は、薪炭林あるいは農用林として水田生態系や集落の背後にあり、森林性の生物に生活場所を提供してきました。農民による伐採や下草刈りなどの人為的撹乱により遷移の進行が停止あるいは逆行させられ、一定の範囲の遷移段階の自然が長い間維持されてきました。

薪炭材として通したコナラやクヌギなどの落葉広葉樹林を主体とする里山林では、薪や炭、キノコ栽培のほだ木、肥料などを得るために、間伐や下草刈り、落ち葉かきのほか、定期的な伐採を一〇〜二〇年周期で行うなどの植生管理を永年続けてきました。伐採した樹木は根株から萌芽し多数の枝が伸びるので、ある程度の段階で「芽かき」を行い、適当なものだけを残して成長再生させました(「萌芽更新」)。一方、アカマツ・杉・ヒノキなどの針葉樹を主体とする里山林では、三〇〜五〇年程度の周期で伐採し、普通、母樹から散布された種子からの実生を成長させて再び成林させます。新たに苗を植えつける場合もありますが、その場合には樹木密度を調整するための間伐が行われました。

★　水辺の生態学的価値

里やまは、山林だけでなくそのなかに点在するため池や草地、そしてそれに連なる水田や畑、小川（水路）などを含めたいくつかの環境から成り立っています。それぞれの環境に特有の生き物たちがくらしており、里やまの生物相を豊かなものにしていますが、複数の環境を利用して生活を成り立たせている昆虫などもいます。したがって、これらのさまざまな環境が連続してひとつのセットとして存在することが、多様な生物相を支えるうえでは不可欠であります。

里やまの谷間や山麓に位置するため池は、水田の灌漑用水を確保する利水施設として人工的に築造された水域であります。そのような人工的環境には自然など存在しないという思い込みがあったのでしょうか、生態学研究者もあまりため池に目を向けてこなかったようです。管理方法によって生物相が貧弱になっているため池も少なくないですが、最近の研究は、ため池が多様な生き物の生活を支える貴重な水辺空間であるという事実を明らかにしました（江崎・田中　一九八八）。

★　ため池の水質浄化方法「ドビ流し」の効果

「ドビ流し」とは、底樋を抜き有機物（ヘドロ）を含む泥水を田畑に流し出すことであり、池を干して新しい水を給水していました。すなわち、ため池を掃除すると同時に田畑に栄養分を与えていたのです。「ドビ流し」とは、高安地域の呼び名であり、他の地方では「かいぼり」あるいは「池干し」と呼ばれ、地元の子どもたちにとっては泥んこ遊びの魚とりであり、主婦にとっては秋の食材採りの場でした。「ドビ流し」(池干し)をすることで、ため池の還元泥が酸化泥に変化し、ランソウ類の繁殖が抑えられ珪藻類が繁殖するとともに、溶存酸素量が十分確保された良好な水質が維持されます。こうした環境には、珪藻類をエサとするイシガイ科二枚貝、エビ類、ヨシノボリやタナゴ等の小魚の生息に適しており、「ドビ流し」を通じて生物多様性が豊かな水辺空間が形成・維持されてきました(加納義彦　二〇〇九)。

四　里地里やまの環境保全　いかにして実践するか

—グローバル(地球規模)に思考し、ローカル(地域)で実践する—

★　持続可能な発展(開発)の目標

持続可能な発展(開発)を可能にする目標は健全な生態系を維持することです。健全な生態系とは、人がそこから自然の恵みを十分に得ることができる生態系のことです。健全な生態系を維持するためには、生物の多様性を維持することが重要です。すなわち、生態系を保全し、生物の絶滅を防ぐことです。

★生態系管理とは何か

持続性のための森林、草原、湿原、河川、流域などの新しい管理手法を生態系管理と言います。

生態系管理は、地域の生態系の望ましい特性、すなわち生物多様性や生産性の持続、あるいはそれらの回復のための活動を導く科学・技術を広くさす概念です(鷲谷いづみ　二〇〇一)。

★生態系管理に要求される要素

1　根本的な価値としての長期的な持続性
2　明確な操作目標
3　しっかりした生態的なモデルと理解
4　複雑性と相互関連性についての十分な理解
5　生態系のダイナミックな性格についての十分な認識
6　状況とスケールへの留意
7　ヒトが生態系の一要素であることとの認識
8　適応的で説明責任を重視したとりくみ

★どう計画し、実践するのか

①　持続性を最優先させて目標設定すること
②　適切な空間スケールで実施

③　適切な時間スケールで実施
④　実施のための体制が、十分に順応的で、しかも、説明義務をしっかりと果たすものであること

五　高安自然再生協議会について

1　取組の実施主体・体制

高安地域では、従来から市民団体、農業関係者、行政などの多様な主体により、自然保護や環境教育、森林管理、資源循環等の取組が実践されてきました。平成二六年(二〇一四)には、地域の多様な主体の参加により「高安自然再生協議会」が設立され、多様な主体の協働・連携により高安地域の環境保全の取組が進められています。現在は、「高安自然再生協議」に参加する主体が、それぞれ自立した活動を行いつつ、専門分野や得意分野に応じて相互に連携し、高安地域の里地里山の保全活動を進めています。

2　高安地域における取組の主な内容

①　高安山の水循環系の健全化のための森林整備

高安山の健全な水循環系を保全するために、二〇〇六年九月から郡川上流部から下流部まで約一キロメートルの谷間(幅両サイド一〇〇メートル：約二〇ヘクタール)の一部(現在まで約三ヘクタール)を森林整備し、下草刈り、間伐材による土留めの活動を実施しました。その成果として、郡川下流部で水が年中枯渇することなく、放流したカワ

ニナとゲンジボタルが自然再生するようになりました。さらに森林整備の科学的な評価として、二〇〇九年三月から下流部に水位測定機と雨量計を設置することによって、郡川の水量変化を測定しています。データの解析は大阪工業大学環境工学駒井研究室とニッポンバラタナゴ高安研究会が協同して実施しています。森林整備は、八尾市の環境保全協議会（環境アニメイティッドやお：約五〇団体加盟）に参加している森林インストラクター阪奈会のメン

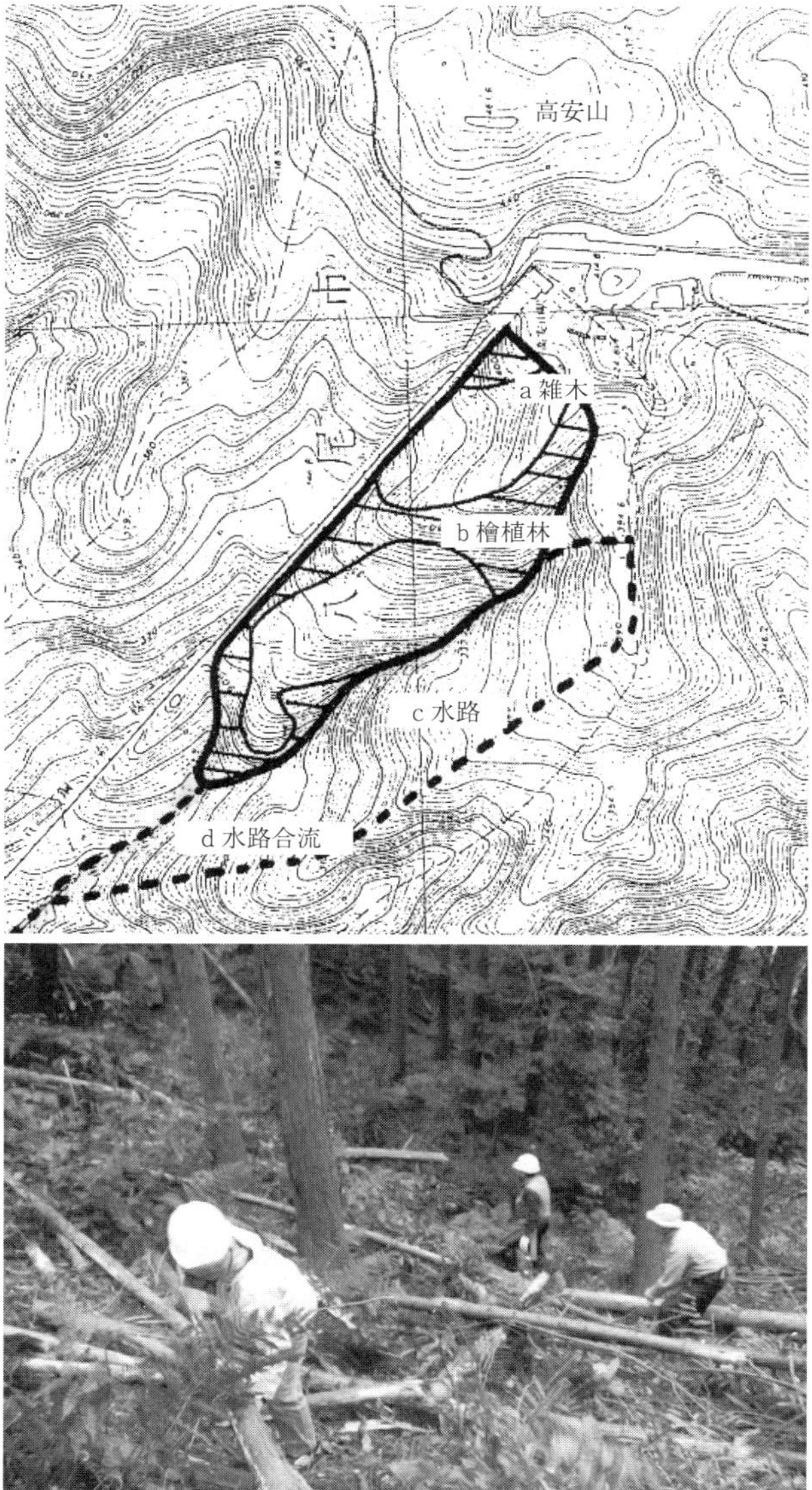

図３　郡川上流のａ雑木林とｂヒノキ人工林区（約３ヘクタール）と小河川対岸の本年度から新たに森林整備を開始するヒノキ人工林区（破線部：約２ヘクタール）

バーに指導してもらい、作業は環境アニメイティッドやおの市民団体から参加を呼びかけています。また、大阪経済法科大学のふれあい池に隣接する河川の上流部（約一ヘクタール）の雑木林を新たに森林整備します。森林インストラクター阪奈会のメンバーの指導の下、大阪経済法科大学の学生が森林整備に参加しています。

② ため池の再生

「高安自然再生協議会」や、その構成主体（「財団法人　大阪みどりのトラスト」、大阪経済法科大学等）により、伝統的な水管理手法である「ドビ流し」の再現や、水辺の清掃・整備によるため池の再生が進められています。また、上記の活動と「ＮＰＯ法人ニッポンバラタナゴ高安研究会」などが連携することにより、ニッポンバラタナゴを始めとする動植物の生息・生育状況の調査や、ため池再生による生物多様性向上の効果のモニタリング調査等が実施されています。

上記の成果として、ニッポンバラタナゴやその産卵母貝となるドブガイの自然再生に成功しています。また、伝統的な農業用水管理法である「ドビ流し」のメカニズムと生物多様性保全に及ぼす大きな効果が明らかとなりました。

「高安自然再生協議会」が中心となって取り組む「高安山保全プロジェクト」の一環として、二〇〇九年一一月に高安地区の大阪経済法科大学構内の「ふれあい池」において、池の浄化とニッポンバラタナゴが生息する生態系の再生を目的として、「ドビ流し」を実施しました。ドビ流しには、専門家や学生、教職員、八尾市役所や地域の方々など約七〇名が参加しました。

図４　ため池再生の一例：大阪経済法科大学「ふれあい池」のドビ流し（2009年11月）

③　ニッポンバラタナゴの保護活動と環境教育

自然保護関係者と高安地域の農家が協力して、平成一〇年（一九九八）に「ニッポンバラタナゴ高安研究会」を設立しました（設立当初は任意団体、現在はＮＰＯ）。研究会は、翌年の平成一一年に、地主の協力を得てニッポンバラタナゴの保護池を造成し、現在まで保護と調査活動を実施しています。また、前記のため池再生活動などと連携し、高安地域全体でニッポンバラタナゴの調査や保護活動を展開しています。さらに、地域の小中学校と協力して「高安みどりの少年団」を結成し、地域の子どもたちと共に里やまの森林の整備や溜池めぐりなどの自然観察会を行っています。

（ニッポンバラタナゴ高安研究会の活動内容）

○定期調査

ため池生物の採捕：ニッポンバラタナゴ、ドブガイ、ヨシノボリやプランクトンの捕獲

生物のサイズ測定：ドブガイは殻長・殻高・殻幅の三つの部位を計測、タナゴは体長・体高を計測
ドブガイ内の卵の確認：ドブガイに産みこまれているタナゴの卵をカウントし、ドブガイの卵やグロキディウムを確認
水質環境計測：水温・pH・DOを測定
その他：特に必要な調査があればその都度実施（例：タナゴの水中ビデオ撮影、増えすぎたザリガニの捕獲等）

○保護池での実験
伝統的な溜池浄化システム（ドビ流し）効果の調査、富栄養化したため池のアオコ除去方法の開発

○環境教育
高安みどりの少年団、中高安小学校総合学習・高安中学校夏期早朝学習の指導

④ **自然の恵みとそれに根ざす生業・生活の文化が今日まで継承されている**

高安地域では、先人たちが、ため池を中心とした水循環の仕組みを構築して農業開発を進め、花卉・花木の特産物や米・野菜などの農産物を生産してきました。その中で、「ドビ流し」などの伝統的な水管理手法や、全国有数の花卉・花木の生産技術が培われ、今日まで引き継がれています。また、上記の長年に渡る里地里山の人為的管理の継続により、ニッポンバラタナゴに代表される豊かな生物相や、色とりどりの花が咲く里やまの景観などが形成・維持されてきました。

⑤　近年の里地里山管理の取組を通じて、再生または新たに獲得された効用がある

近年の社会情勢の変化により、ため池が埋め立てられたり、伝統的水管理が行われなくなるなど、人為による管理が行われなくなりつつありましたが、現在では、生物多様性保全や伝統文化継承の観点から、里地里山の保全に向けた取組が進められています。この成果として、ニッポンバラタナゴに代表される生物多様性の回復や、地域の豊かな自然環境や歴史文化に対する関心や理解の向上等の成果が得られています。また、「河内木綿藍染保存会」等の動きにより、これまでにない新たな無農薬有機栽培の和綿づくりなどが行われています。

3　本事業の目標

高安地域の里地・里山保全活動において、「高安自然再生協議会」及びこれに参加する各団体は、主に下記のような考え方に基づき活動を展開します。

○ヒトの営みと自然が共生できるための農用林の再生方法や水辺の伝統的水管理手法等を踏まえた「水循環・物質循環の再構築」
○上記を通じた「生物多様性保全」
○上記を推進するための「多様な人々による協働」

なお、特に生物多様性保全の観点からは、高安地域のため池に生息するニッポンバラタナゴ(環境省のレッドデータブックで絶滅危惧ⅠA類に指定)が地域の生態系におけるシンボルと見なされています。

図５　ニッポンバラタナゴ

４　自然再生の基本的な考え方

高安地域で事業を進めるにあたっては、自然再生法で定められている「自然再生基本方針」に基づき、次の六点に事業を推進するものとします。

①　地域の多様な主体の参加と連帯

地元の農業者団体である「北・中高安地区水利組合・実行組合」「神立《こうだち》花卉園芸組合」が「ドビ流し」の再現等に参加・協力します。「ＮＰＯ法人ニッポンバラタナゴ高安研究会」（地元住民約半数）「大阪経済法科大学」「神立自然再生協議会」「森林インストラクター阪奈会」など、市民団体に多数の外部人材が参加・協力します。環境省近畿地方事務所、大阪府中部農と緑の総合事務所、八尾市環境部環境保全課が「環境アニメイティッドやお」の事務局を務めるなど、支援等を行います。

② 科学的見地に基づく実施

高安山の森林整備活動の効果を評価するために、小河川の水質・水量調査を継続的に調査し、雨量変化と河川の水位変化を比較します。また、高安山の生物多様性の評価を里地里山の生物モニタリングを実施します。伝統的な農業水管理方法の効果を水質や水生生物調査を持続して実施します。これら調査の結果を踏まえ、各活動を実施します。

③ 順応的な方法による自然再生

ため池や小河川の自然再生に関しては、外来生物の防除や生態系管理方法を科学的なモニタリングを通して目標をたて、実施進行する各段階で、その効果を検討しながら、より効果的な方法を順応的に実施していきます。

④ 自然環境学習の推進

地域の自然再生を考える上で、豊かな自然の富を次世代へ引き継ぐことが大きな課題となります。そのために高安地域の子どもたちや住民の人たちにその豊かな自然を再生保全するための環境教育は重要な課題であります。

⑤ 里地里山の自然再生と地場産業の共生

里地里山の雑木林・農耕地・ため池などが人の営みが無くなり放置されることによって荒廃していることが、生物多様性の減少する大きな要因となっています。一般に、絶滅危惧種の約半数が全国の里地里山に生息しているといわれています。高安地域の地場産業である近郊農業としての花卉栽培や野菜作り、造園業の植木作りが行なわれなくなることは、ため池や農用林が管理されなくなり、休耕地の増加を招きます。一方、アライグマやイノブタなど外来生物による農産物の被害も多く発生しています。里地里山の自然再生を行なうためには地場産業との共存が必須事項となります。

⑥　**自然再生の効果と情報の公開**

自然再生を実施するにあたって、科学的なモニタリングに基づき実施することと同時に、その効果を評価し、情報を公開することが重要であります。

5　自然再生事業の概要

ここでは、自然再生の目標に示した各項目を達成するために必要な事業のうち、当面実施を計画する事業の概要を記述しました。

①　**高安山の水循環系を健全化するための森林整備**

人工林や雑木林の下草刈り、間伐、花卉・植木などの管理を実施する。

②　**里地里山の環境保全と再生**

ため池の改修工事、および、休耕田・雑木林などの農地改修工事と持続可能な近郊有機農業を促進する。改修前の科学的なモニタリングと改修工事の効果を評価するための生態調査を実施する。

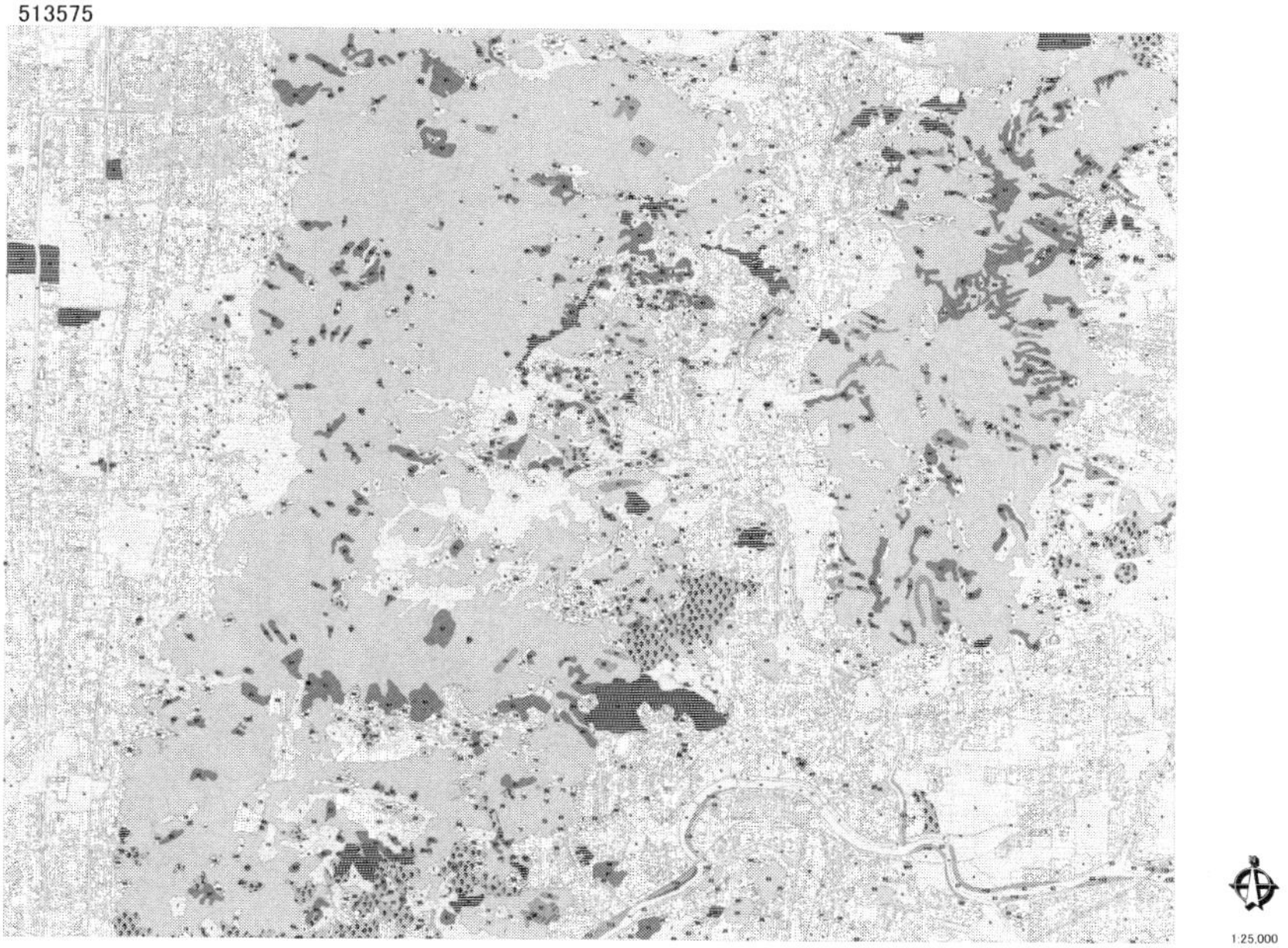

図６　信貴山

凡例

46, 271102	カナメモチ―コジイ群集	83, 470500	河内敷砂礫地植生	e , 570200	果樹園
59, 310100	ハンノキ群落（VI）	91, 540100	スギ･ヒノキ･サワラ植林	f , 570100	路傍･空地雑草群落
61, 320200	ヤナギ低木群落（VI）	95, 541000	その他植林	h , 560100	ゴルフ場･芝地
66, 400100	シイ･カシ二次林	96, 550000	竹林	i , 580101	緑の多い住宅地
69, 410105	アベマキ―コナラ群集	99, 580200	残存･植栽樹群をもった公園、墓地等	k , 580100	市街地
70, 420102	モチツツジ―アカマツ群集	113, 470403	セイタカヨシ群落	m , 580400	造成地
75, 440200	クズ群落	a , 570300	畑雑草群落	r , 580700	自然裸地
76, 450100	ススキ群団（VII）	b , 570400	水田雑草群落	w , 580600	開放水域
79, 460000	伐採跡地群落（VII）	d , 570500	放棄水田雑草群落		

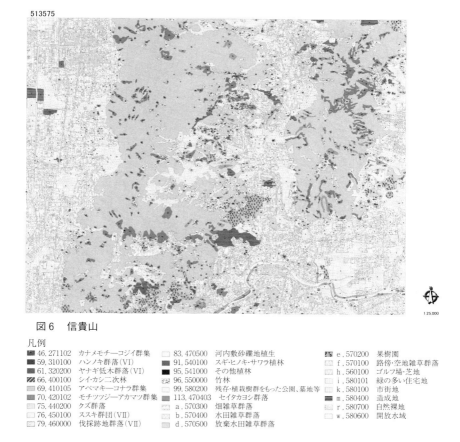

③　**恩智川流域の水質調査**

高安地域の生活排水が流入する恩智川の水質を定期的に調査し、他の地域への影響を調べる。

④　**自然環境学習と地域と都市の交流**

農業体験、歴史自然学習、自然学校などのエコ・ツアーなどを実施する。

〔参考文献〕

加納義彦『ニッポンバラタナゴ―池干し―田園の魚をとりもどせ！』高橋清孝（編）恒星社厚生閣（二〇〇九年）
鷲谷いづみ『生態系を蘇らせる』ＮＨＫブックス（二〇〇一年）
加納義彦「ため池の水環境の保全とニッポンバラタナゴの保護」『生態学から見た里山の自然保護』石井　実（編）講談社（二〇〇五年）
江崎保男・田中哲夫（編）『水辺環境の保全―生物群集の視点から―』朝倉書店（一九八八年）

河内平野の遺跡　自然環境の変化と人々の暮らし
―中河内の遺跡を中心にして―

桑原武志

はじめに

河内平野は旧大和川などによって形成された沖積平野です。八尾市を含む中河内地域を中心に旧石器時代から弥生時代までの自然環境の変化と人々の暮らしについて、主な遺跡を取り上げて考えてみます。とくに、水稲耕作を生活基盤とする新しい文化にとって最適地となった河内平野における、弥生文化の受容・定着・発展についても探ってみます。

河内平野を含む大阪平野の発達を明らかにしようとした梶山彦太郎と市原実の両氏は、地質や発掘調査の成果によって大阪平野のおいたちを古い順に、古大阪平野の時代(約二万年前～九〇〇〇年前)・古河内平野の時代(約九〇〇〇年前)・河内湾Ⅰの時代(約七〇〇〇年前～六〇〇〇年前)・河内湾Ⅱの時代(約五〇〇〇年前～四〇〇〇年前)・河内潟の時代(約三〇〇〇年前～二〇〇〇年前)・河内湖Ⅰの時代(約一八〇〇年前～一六〇〇年前)・河内湖Ⅱの時代(一六〇〇年前以後)にわけて説明しました。それによって縄文時代前期前半を河内湾Ⅰ、前期末から中期を河内湾Ⅱ、晩期から弥生時代前半を河内潟、弥生時代後期から古墳時代前期までを河内湖の時代であると考えられるようになりました。

河内湾から河内潟、そして河内湖に至る自然環境の変化の中で、人々の暮らしはどのように変わっていったのでしょう。

一　河内平野の旧石器時代

古大阪平野と呼ばれている時期にあたり、最後の氷期の最盛期は二万年前と考えられ旧石器時代の日本列島は最も寒冷な時代でした。海面は、現在よりも約一五〇メートル低かったようで、大阪湾や瀬戸内海も陸地になっていました。

日本の旧石器時代は、石器の特徴から約四万年前以前を前期旧石器時代、四万年以降、縄文時代までを後期旧石器時代と区分しています。河内平野においては、前期旧石器はまだ出土していません。

当初、自然石を打ち欠いてできた剥片と呼ばれる石のかけらを利用していましたが、石材を選び、加工する技術も進み、後期旧石器時代には刃部を細かく調整したナイフ形石器の他、用途ごとに使ういろいろな石器が作り出されました。

一九七九年に大阪市長原遺跡で旧石器が発見されてから、周辺において数多くの発掘調査が実施されました。特に、長原一四層と呼んでいる平安神宮火山灰層より下位の地層から旧石器が出土しており、二万数千年前のものと考えられています。現在、大阪府下で見つかっている旧石器の中で最古の一群といえます。

長原遺跡に隣接し、一体として構成される八尾市八尾南遺跡では、ナイフ形石器を主とする旧石器が六地点から出土しています。藤井寺市国府《こう》で発見された石器につけられた「国府型ナイフ形石器」と呼ばれる、長さ六～七センチメートルの石器や翼状剥片の他、長さ三～四センチメートルの小さな切出し形と尖頭形のナイフ形石器も出土しています。これらの小さなナイフ形石器は、国府文化期に続く文化期に位置付けられています。このような小形ナイフ形石器は、標高六七メートルの高位段丘上に立地している枚方市藤阪宮山遺跡においても、小形の切出し形と尖頭形のナイフ形石器が出土しています。

八尾南遺跡に隣接する太田遺跡でも、「国府型ナイフ形石器」が出土しており、当時はこの付近の生活条件が最もよかったのではないでしょうか。

東大阪市では、生駒西麓を中心に旧石器が採集されています。山畑遺跡でナイフ形石器・尖頭器、神並《こうなみ》遺跡から国府型ナイフ形石器や翼状剥片などが採集されています。草香山《くさかやま》遺跡からは有舌尖頭器が出土しています。有舌尖頭器は、旧石器時代の終わりごろに槍先として用いられたと推定されています。

旧石器時代の人びとが適切な石材として選んだのが、大阪府と奈良県との府県境にある二上山で産出するサヌカイト(讃岐岩)でした。人びとはこのサヌカイトを利用し、石器を作っていました。藤阪宮山遺跡では、生活圏内にあるチャートと呼ばれる石も利用していました。人びとはまだ土器を知りませんでしたが、今から一万二〜三〇〇〇年前に土器が発明され、縄文時代と呼ばれるようになりその頃から暮らしの変化がおこりました。

二　河内平野の縄文時代

旧石器時代の終わりごろ、それまで寒冷であった気候も温暖化が進み、縄文時代に入ると少しずつ気温が上がり海面が上昇して低い部分に海水が入ってくる、いわゆる「縄文海進」として知られている自然環境の大きな変化が起こりました。今から五〇〇〇年前〜六〇〇〇年前にあたります。

縄文時代時期区分の考え方としては、約一万二〇〇〇年前から一万年前が草創期、一万年前から七〇〇〇年前までが早期、七〇〇〇年前から五〇〇〇年前までが前期、五〇〇〇年前から四〇〇〇年前までが中期、四〇〇〇年前から三〇〇〇年前までが後期、三〇〇〇年前から二五〇〇年前までが晩期としています。

縄文時代早期の河内平野(当時は河内湾)周辺の遺跡としては、生駒山地から派生した丘陵上に位置し、押型文土器の標識遺跡となった交野市神宮寺《じんぐうじ》遺跡や枚方市穂谷遺跡があります。東大阪市神並遺跡からは、土偶や有舌尖頭器などが出土しています。

これらの遺跡からは石鏃も出土しており、弓矢の発明とともに狩猟の方法も大きく変化しました。河内湾周辺に暮らしていた縄文人は、おもに生駒山麓を狩猟の場としていたと考えられています。

前期になると八尾南遺跡・恩智《おんじ》遺跡、中期になると八尾市山賀遺跡、東大阪市縄手遺跡、土偶や装身具などが出土した馬場川遺跡などがあります。後期になると前述の八尾南遺跡・恩智遺跡・縄手遺跡などに長い期間人びとが暮らし続けます。他には貝塚を伴う東大阪市日下《くさか》遺跡、大阪市森の宮遺跡などがあります。

1　クジラがいた河内湾

東大阪市鬼虎川《きとらがわ》遺跡では、打ち寄せる波の作用などにより形成される海食崖が見つかっています。また海成の堆積層の中からはクジラ・イルカなどの骨が出土しています。

東大阪市布市町の工事現場からは、体長十数メートルもあるマッコウクジラの骨の一部が見つかりました。放射性炭素法で年代測定を行った結果、約五〇〇〇年前のものと推定されました。これらのことから、生駒山西麓まで海水が入っていたことが窺えます。その後、海水が引いていき古大和川や淀川が運ぶ大量の土砂が河内湾を少しずつ埋めていき、広い干潟となって陸地が大きくなりました。

前期には鬼虎川遺跡・恩智遺跡などが河内湾周辺に点在し、低地への進出も見られるようになります。後期から晩期にかけて淀川・古大和川の沖積作用によって河内湾の埋没が進むにつれて河内潟は淡水化しはじめ、河内平野にも多くの遺跡が見られるようになります。縄文時代晩期以降には砂洲の発達などにより、河内湾は海と切り離されて淡水化し河内湖となります。この後、河内湖はさらに埋まり、面積が小さくなっていきます。

2　貝塚が語るもの

河内平野周辺での代表的な貝塚は、河内湾に面した生駒西麓の東大阪市日下町で発見された日下遺跡と上町台地東方の河内湾に面した大阪市中央区森之宮で見つかった森の宮遺跡です。

日下遺跡は大正一四年（一九二五）の発見以降、数次の調査が実施されています。その当時の人々が食べたかすを捨てた跡である貝塚からは、セタシジミやオオタニシなどの淡水産の貝が多量に出土しています。これらの貝類は、遺跡の近辺で採集していたと考えられています。量的には少ないですが海水産のサザエやカキ、ハマグリなども出土しています。魚類はコイ・フナ・サワラ・マダイなどの骨が見つかっています。また、貝塚にはシカ・イノシシ・ウサギなどの骨も捨てられており、日下遺跡で暮らしていた人々は、生駒山麓で狩猟をおこなっていたようです。

森の宮遺跡で見つかった貝塚は大きく二層に分けられ、下層は海水産のマガキを主体とする層で、縄文時代後期の土器も出土しています。上層は淡水産のセタシジミを主体とする層で縄文時代晩期から弥生時代中期までの土器などが出土しています。このように下層でマガキが、上層はセタシジミを主体とする層から考えると、河内湾が徐々に淡水化し、河内潟から河内湖へ変遷する過程をよく示しています。他には、埋葬人骨が一八体検出されました。縄文時代のものは一二体で、貝層を掘り込んだ墓壙の中に手足を折り曲げた屈葬の姿勢で埋葬されていました。

漁撈も行われており、網は見つかっていませんが網につけたと考えられる石製のおもりが縄手遺跡・馬場川遺跡などで発見されています。森の宮遺跡では、鹿角製と猪牙製の釣り針の他、石のおもりが一二〇点以上も出土しています。おもりは扁平あるいは楕円形で両端を打ち欠いたり、擦ったりして窪みや溝をつけています。他の遺跡では土製のおもりもみつかっていますが、数は非常に少ないです。弥生時代になると、石製のおもりは少なくなり土製のおもりが多くなる傾向があります。晩期になると河内湾も河内潟に変わっていき、湾の奥は淡水化していきました。

山賀遺跡では、同じ地層から人と鹿の足跡が見つかっています。遺跡の下層からはシジミが出土しており、この付近は淡水化し河内潟になっていました。

縄文時代の早い段階の遺跡の立地は生駒山麓沿いに点在する程度ですが、河内湾から河内潟へと自然環境が変化していく後期・晩期には遺跡数は増加していきます。縄文人は、この地で植物性食料の採集の他、海の幸・川の幸・水辺に集まる動物を対象とする、狩猟と漁撈と採集の生活を繰り広げていました。その後、淡水化が進み潟から湖へと変化していき、河内平野は稲作に適した自然環境になりました。

三　河内平野の弥生時代

今から二四〇〇年前~二五〇〇年前にあたる縄文時代晩期後半に、朝鮮半島から北部九州に伝わった稲作は、またたく間に日本列島に広がっていきました。弥生時代前期末には本州北端の青森県弘前市砂川遺跡まで水稲耕作が伝播しています。

旧石器時代から縄文時代にかけて日本列島の人々が手にしていた利器は、おもに石や骨角を利用したものでした。その後、縄文時代晩期から弥生時代前期にかけて、大陸から金属でつくられた利器が伝わってきました。世界史的な先史時代の時代区分では、利器に用いられた材料の変遷によって石器時代から始まり青銅器時代を経て鉄器時代となる、三時期に区分する方法が一般的です。日本列島においては石器時代↓青銅器時代↓鉄器時代にはならず、「金石併用時代」と称されるように、青銅器と鉄器が石器とともに使われるようになった時代です。

弥生時代前期の鉄器は、北部九州から近畿地方まで分布しています。他にも水稲稲作農耕とともに、大陸系磨製石器と呼ばれる新たな石器も伝わってきました。それらは農耕具である太形蛤刃石斧や抉入片刃石斧、扁平片刃石斧や稲穂を摘み取る石包丁と、武器としての磨製石剣や磨製石鏃などです。

弥生時代は前期（紀元前五世紀～紀元前三世紀）、中期（紀元前三世紀～紀元後一世紀）、後期（紀元後一世紀～三世紀）の三時期に大きく区分されていて、各時期の土器も変化していきます。

1　縄文文化と弥生文化との出会い

河内平野では弥生時代前期の早い段階に稲作文化が定着しました。当時の河内平野の自然環境は、前期には淡水と海水が混じった河内潟の時期でしたが、古大和川や淀川による沖積作用が進み、弥生時代中期には河内湖に変化しています。河内平野は豊かな水量と肥沃な土壌のため、水田を中心とした稲作に適した土地になった反面、ひとたび大雨が降ると洪水の影響を受け易い土地でもありました。このような地理的・自然的条件のもとに数多くのムラが誕生しました。

山賀遺跡では、一メートルを超える砂の層が水田面を覆っている場所もあり、河内平野の農耕がいかに旧大和川などの流れに翻弄されていたかを端的に物語っています。洪水の砂の層を取り除いた水田面では、人間の足跡が多数見つかっています。

八尾南遺跡では、弥生土器と「長原式」と呼ばれる長原遺跡出土の縄文時代晩期の標識土器と縄文時代の呪術具の石棒・土偶が共に発見されています。

東大阪市弓削ノ庄《ゆげのしょう》遺跡では縄文時代晩期の伝統を引き継ぐ土器と、弥生時代の土器が同じ地層から出土しています。このことは両方の土器が同じ時期に使用されていたと考えられ、新しい文化とそれ以前の文化とが、一定期間共存していました。先に暮らしていた人々と、新しい文化を携えてやってきた人々とが出会って交流があったようです。

四条畷市の北西部から寝屋川市南部に広がる讃良郡条里遺跡は、生駒山系の西側の平野部に立地している縄文時代から中世にかけての遺跡です。とくに弥生時代前期前半の土器は、今のところ近畿最古の弥生土器と考えられています。

八尾市木の本遺跡の自然流路内からは、鋤や鍬・斧などの木製農耕具の製品および未成品などが出土している他、石包丁が土坑内に一括埋納されている状況も発見されています。

2　拠点集落の成立

弥生時代中期になるとムラの範囲が広くなり、ムラの中心的な役割を担う母村的な集落が出現します。

長期間継続して営まれたムラとしては、八尾市亀井遺跡があります。弥生時代前期から営まれ中期に拡大し河内平野最大の拠点的なムラとなります。最盛期には居住域とそれを囲む大溝群、さらに弥生時代になって出現する方形周溝墓群の範囲を合わせると直径五〇〇～七〇〇メートルに及ぶと考えられています。方形周溝墓の平面形は方形ないし長方形で、一辺数メートルから二〇メートルまで及ぶものもあります。四方に溝をめぐらし墓域を区画し、中央部に盛土をして周辺より高くし、その中へ木棺などに遺骸を納めて埋葬しています。複数の木棺が埋葬されている例が多いことから、家族墓の性格が強いと考えられています。

当遺跡からは、これまでに四枚の貨泉が出土しています。貨泉は、中国王朝「新」と称する国を建てた王莽が、西暦一四年から四〇年にかけて鋳造させた貨幣です。日本列島では貨幣として流通したとは考えられませんが、中国から伝播したことを明らかにしているとともに、貨泉を伴う遺構・遺物の年代の上限を限定することができます。

貨泉は東大阪市瓜生堂《うりゅうどう》遺跡と大阪市巨摩《こま》遺跡で一点、瓜破《うりわり》遺跡からは、小型の鉢形土器の中から一点出土したといわれています。

八尾市南東部の生駒山地西麓部に位置する拠点集落としては、恩智遺跡があります。弥生時代前期に成立し、後期まで居住域を変えながら継続したムラです。中期後半に居住域が最も大きくなり東西約三五〇メートル、南北約七〇〇メートルに広がります。墓域は、居住域の西側を区画した溝と溝の間で方形周溝墓が発見されています。

この時期は各地域で亀井遺跡や恩智遺跡のような拠点集落が出現しており、拠点集落間で様々な交流が行われていました。中期の環濠集落としては田井中遺跡・跡部遺跡・山賀遺跡などがあります。

亀井遺跡が衰退するころには河内平野では新たなムラが形成されます。

亀井遺跡の北側に隣接する久宝寺遺跡では、鉄の斧や鎌などの道具が出土しています。また、人とシカの足跡が同じ地面に残されているのが見つかり、両方の足跡の中には同じ砂が埋まっていたことから、人とシカはあまり時間差なくこの場所を歩いていたと考えられます。狩りをしようとしていたのでしょうか。

八尾南遺跡では後期のムラの様子がそのままの状態で見つかりました。ムラの真ん中に川が流れており、この川の洪水によって一気にムラ全体が埋没しました。その結果、当時の地面は後世に削平されていることが多い中、葦類の茎を貼り付けた壁や、梯子などの構造物が見つかるなど、当時の様子のまま残されており竪穴住居の構造が具体的にわかる貴重な発見がありました。

中期から後期にかけての河内平野では、ガラリと姿を変えるムラと、衰退しつつも存続するムラが混ざり合い、地域の変化は徐々に訪れたと考えられます。

3　銅鐸の発見

八尾市跡部遺跡で銅鐸《どうたく》の埋納施設が明確になった発見がありました。銅鐸は集落から離れた丘陵地から出土する例が多い中、低地において発掘調査によって埋納施設が把握できたことは、非常に稀な発見です。

銅鐸は高さ四六・六五センチメートル、鰭を含む裾幅は三〇・四センチメートルの流水文銅鐸です。弥生中期の製作と考えられています。

埋納の方法は鰭を上下に向けた状態で、埋納施設は後期末の遺構面より下で検出されているため、後期末以後に埋められたようです。亀井遺跡からも銅鐸片が出土しています。

八尾市内では他にも恩智遺跡のムラを見下ろす、東部の生駒山地の垣内山と都塚山から二点の銅鐸が発見されています。一点は大正七年（一九一八）に発見された流水文銅鐸で、もう一つは昭和二四年（一九四九）に発見された袈裟襷文《けさだすきもん》銅鐸です。それらは標高約一〇〇メートルの場所に、約四〇メートル離れて一つずつ埋まっていましたが、二個の銅鐸が同時に埋められたかは不明です。

四条畷市砂付近からは、明治四四年（一九一一）に二個の袈裟襷文銅鐸が発見されています。ミニチュアの銅鐸型土製品は鬼虎川遺跡や瓜生堂遺跡から出土しています。

4　まつりといのり

稲作文化が各地に定着した中期前半以降、銅鐸・剣・矛・戈《か》の青銅器が、祀《まつり》を中心とした弥生時代を代表する祭器になりました。

銅鐸は、朝鮮半島の朝鮮式小銅鐸に起源をもつと考えられ、弥生時代中期前半に成立して後期後半まで、主に農耕祭祀の祭器に使われたものと考えられています。収穫の豊作を祈り、暮らしの繁栄と安全を願う祭りに使われた祭器で、農耕儀礼の世界で重要な役目をになう鳥や鹿などの絵画が描かれている例がいくつかあります。

古い時期の銅鐸は小形で「舌」がついており音を聞くためでしたが、次第に大型化して見る銅鐸へ移ったという説があります。これまでに全国で約五〇〇例が知られており、分布範囲は、西は佐賀県、東は静岡県に及びます。

銅鐸はなぜ埋められたのかについては、銅鐸研究において最大の謎とされています。跡部遺跡で発見された銅鐸の埋納は、聖なる領域の構築を意図したものであり、それは特定個人を神格化させる社会体制の誕生を意味する現象と捉える考え方があります。

府下では、各地域の拠点集落の一つである茨木市東奈良遺跡において、銅鐸鋳型の完形品一個を含む、他の鋳型片や銅戈の鋳型片などが出土しており、青銅器鋳造場所であったと考えられています。鬼虎川遺跡からは銅鐸の鋳型片と釧(腕輪)の鋳型片が出土しています。瓜生堂遺跡からは大阪湾型銅戈とともに、鋳型の破片が出土しています。銅戈を模したと思われる木戈が、恩智遺跡から見つかっています。

木偶・石偶・土偶のような祖霊像、またそれらから派生した人面が表現されている分銅形土製品は、いずれも二世紀ごろに姿を消します。

5　倭人がはじめて作った鏡

弥生時代後期前半から、新たに中国鏡を模倣して日本列島で作られたと見られる鏡が出土しはじめます。これらの鏡を仿製鏡と呼んでおり、鏡面の径は七～八センチメートルを中心とした小さな鏡で、小型仿製鏡の列島での分布は九州から関東地方まで広がっています。

弥生時代後期のものとしては、亀井遺跡、枚方市鷹塚山遺跡でそれぞれ一面ずつ、八尾南遺跡では、鏡の一部が出土しています。古墳時代前期のものとしては、久宝寺遺跡、大阪市加美遺跡などで出土しています。これらの鏡の出土状況から考えると、捨てられた可能性が高く、権力の象徴が薄れ始めているようです。

6　農耕の生産力とクニの誕生

水稲稲作がはじまり、金属器が普及していくにつれて生産力が増大しました。農耕のはじまりとともに支配される集団と従属される集団が生まれ、さらに格差が大きくなっていきました。集団同士の戦いのための武器が発達するのが弥生時代中期から後期にかけてです。一方で集団作業の統率、争いの調整の中からリーダーが生まれ、政治的なまとまりも生まれてきました。この時期は「魏志倭人伝」に記された「倭国大乱」の時期も含まれます。亀井遺跡では板状鉄斧・袋状鉄斧・銅鏃などが出土しています。殺傷能力の高い銅鏃の出土が増えていきます。八尾市大竹西遺跡では、土坑から埋納された完形の鋳造鉄剣が発見されました。鉄剣の全長は三五・八センチメートル、剣身幅三・六センチメートルを測ります。弥生時代の鉄剣としては大型の部類に属し、剣身基部の両端に柄を固定するための目釘孔が、左右にそれぞれ開けられていました。墳墓に埋葬された形で出土することが多い鉄剣ですが、集落内から見つかりました。埋納された時期は、弥生時代後期初頭と考えられ、現在のところ近畿地方最古にあたります。

7　古墳の誕生

三世紀の終わりから四世紀の初め頃、前方後円墳が誕生し日本列島は古墳時代を迎えます。弥生時代の墓とくらべると、墳丘の大きさや副葬品の種類・質・量など、その格差は大変おおきくなりました。古墳時代のはじまりは近畿中央部、中でも大和川水系によって結ばれた河内、大和の勢力による政治的な連合が核になったとみる考え方が有力です。

四世紀後半には、ヤマト政権が巨大前方後円墳を大阪平野に築くようになります。

河内平野においては数千年にもわたる人々の暮らしの跡が連綿と続いています。縄文時代から弥生時代の遺跡を重ねてみますと、それぞれの時代の遺跡と分布が、当時の土地条件に規制されながらも次第に低地に進出していく様子がわかります。

河内平野は弥生時代になると、西日本社会の文化的・政治的な関係において中心的な役割を果たすようになりました。そして弥生時代から古墳時代に向かう社会の中では、より重要な役目を果たしてきた地域でもありました。

おわりに

中河内における考古資料展示室の紹介をしておきますので、一度訪れてみて下さい。

◎八尾市立埋蔵文化財調査センター（八尾市幸町四丁目五八―二・電話〇七二―九九四―四七〇〇）

◎八尾市立歴史民俗資料館（八尾市千塚三丁目百八〇番地一・電話〇七二―九四一―三六〇一）

◎八尾市立しおんじやま古墳学習館（八尾市大竹五丁目一四三番地―二・電話〇七二―九四一―三二一四）

◎東大阪市立郷土博物館（東大阪市上四条町一八―一二・電話〇七二―九八四―六二四一）

［参考文献］

市原実・梶原彦太郎「大阪平野の発達史14.C年代データーから見た」『地質学論集』第7号　日本地質学会　一九七二年

梶山彦太郎・市原実『大阪平野のおいたち』青木書店　一九八六年

大阪府史編集専門委員会『大阪府史』第一巻　大阪府　一九七八年

新修大阪市史編纂委員会『大阪市史』第一巻　大阪市　一九八八年

地学団体研究会大阪支部編『大地のおいたち』築地書店　一九九九年

（財）八尾市文化財調査研究会「八尾南遺跡第二地点の旧石器」『旧石器考古学』三八　一九八九年

桑原武志「藤阪宮山遺跡出土のナイフ形石器について」『研究紀要第一集』（財）枚方市文化財研究調査会　一九八四年

瓜生堂遺跡調査会『恩智遺跡』一九八〇年

(財)大阪文化財センター『瓜生堂』一九八〇年
東大阪市遺跡保護調査会『東大阪市布市町出土鯨骨調査報告』一九七六年
(財)大阪文化財センター『河内平野を掘る』一九八一年
(財)八尾市文化財調査研究会『跡部遺跡発掘調査報告書』一九九一年
八尾市立歴史民俗資料館『銅鐸と古代のまつり』一九九一年
八尾市立歴史民俗資料館『八尾を掘る一一〇年の歩み―』一九九二年
八尾市立歴史民俗資料館『卑弥呼の時代と八尾』平成一四年特別展　二〇〇二年
八尾市教育委員会『やおの文化財』二〇一一年
難波宮址顕彰会『森の宮遺跡第三・四次発掘調査報告書』一九七八年
八尾市埋蔵文化財調査センター『やおの弥生時代Ⅰ前期~中期』二〇一一年
(財)東大阪市遺跡保護調査会『鬼虎川遺跡調査概要Ⅰ』一九八〇年
(財)八尾市文化財調査研究会『跡部遺跡発掘調査報告書』一九九一年
(財)大阪府文化財調査研究センター『田井中遺跡(一~三次)・志紀遺跡(一次)』一九九七年
大阪府教育委員会『木の本遺跡』二〇〇四年
(財)大阪府文化財センター『久宝寺遺跡・竜華地区発掘調査報告書Ⅶ』二〇〇七年
(財)八尾市文化財調査研究会『大竹西遺跡第一次発掘調査報告書』二〇〇七年
(財)大阪府文化財センター『山賀遺跡』二〇〇七年

古代の河内と継体天皇

前田晴人

一　継体天皇の謎

継体天皇はその出自・素姓のはっきりしない天皇として有名です。現在の皇室の祖先系譜は六世紀前半の継体天皇まで遡ることは確実ですが、天皇は血筋に関し前代の皇統との関係がはなはだ漠然としておりまして、純然たる地方豪族ではないかとみる有力な説もあり、またこの天皇には他にも謎の伝承が多いのです。四度にわたる遷都（樟葉宮・筒城宮・弟国宮・磐余玉穂宮）もそうですが、陵墓の位置もすこぶる異例なのです。

継体天皇の陵墓は大阪平野でも淀川北岸の摂津三島地域に営まれており、歴代の大王陵が所在する河内南部の古市・百舌鳥古墳群からは遠くかけ離れた場所に孤立しているのです。なぜこのような現象が起きたのかについては現在でも学問的には未解明の状態にありますが、私は継体天皇の祖先系譜と陵墓の造営地との間には密接な関連があるものと推定しておりまして、本稿ではこの問題を基軸にして他の幾つかの問題についても言及してみようと思います。

なお、付言しておきますと、大化改新や壬申の乱以前の「河内（川内）国」は、律令制の行政区画による摂津・河内・和泉三国の領域全体を包括する広域的な範囲の国でしたので、次頁の地図によってご確認をお願いしたいと思います。

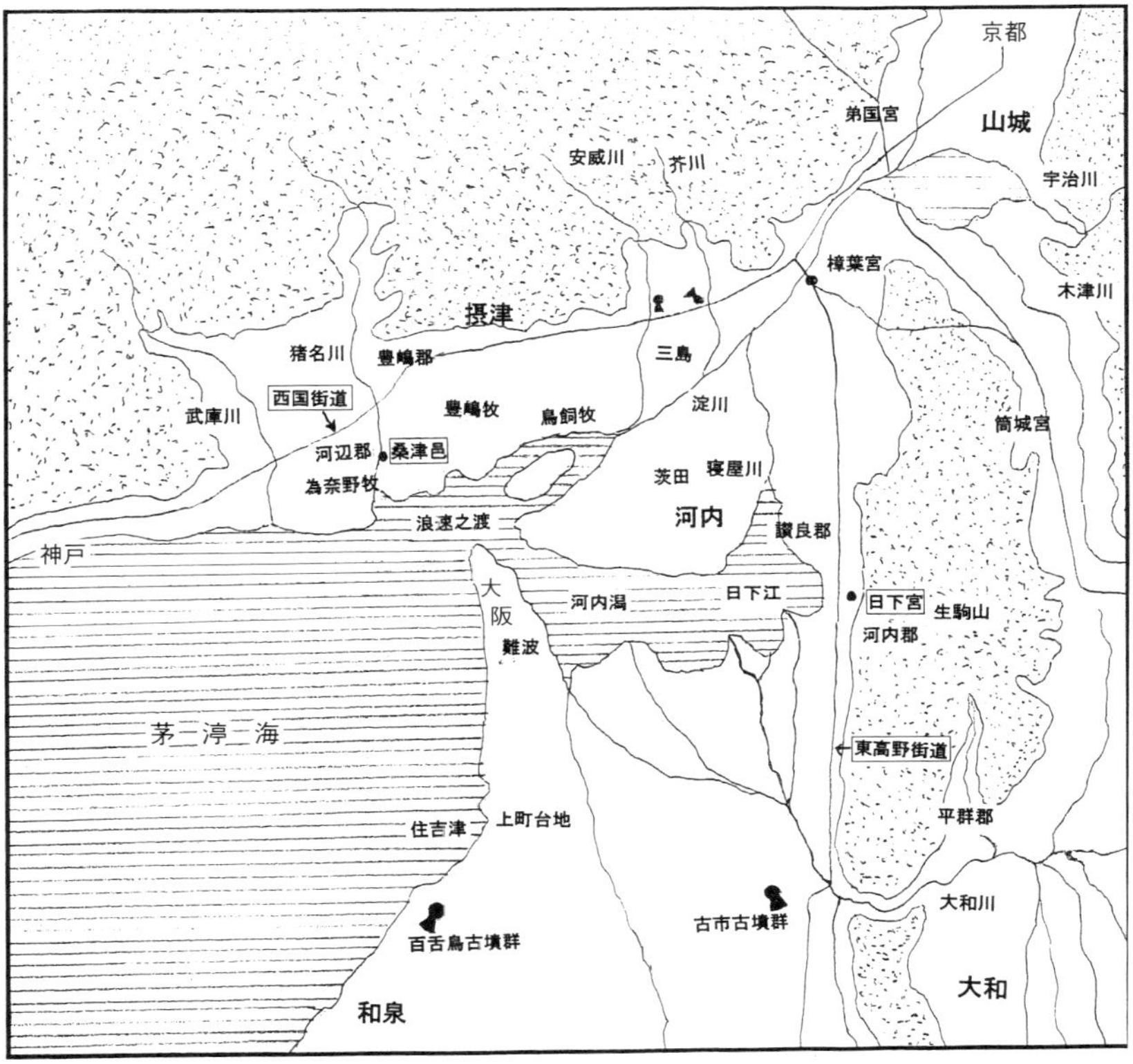

図１　五、六世紀の河内国（河内・摂津・和泉）

二　継体天皇の系譜について

まずは継体天皇の出自・素姓の問題から論議を始めたいと思います。この点に関し『古事記』には次のような記述がみえています。

【A】天皇既に崩りまして、日続知らすべき王無かりき。故、品太天皇の五世の孫、袁本杼命を近淡海国より上り坐さしめて、手白髪命に合せて、天の下を授け奉りき。

（『古事記』武烈段）

【B】品太王の五世の孫、袁本杼命、伊波礼の玉穂宮に坐しましして、天の下治らしめしき。

（『古事記』継体段）

Ａには武烈天皇に後継者が無かったので袁本杼命を近淡海国（近江国）から上京させ即位させたと書かれています。王統断絶の異常事態が起きた中での即位であったことがわかります。因みに継体天皇の実名は『古事記』が袁本杼（ヲホト）と記していますので、これからは片仮名でヲホトまたはヲホト王・ヲホト大王などと表記することにいたします。

ヲホトに白羽の矢が立てられた主な理由につきましては、「品太天皇の五世の孫」だからとありますが、Ｂにも執拗にくり返して「品太王の五世の孫」とありますように、品太天皇の後裔であることが強調されています。品太天皇とは応神天皇を指します。さらにＡには手白髪命（仁賢天皇の娘）との結婚のことが特記されていますので、これら二つの条件がヲホトの即位を正当化するという論法になっていることがわかります。これは『日本書紀』も同じです。

【Ｃ】男大迹天皇　更名、彦太尊　誉田天皇の五世の孫、彦主人王の子なり。母を振媛と曰す。

（『日本書紀』継体即位前紀）

ヲホトは「誉田天皇の五世の孫」、父母は彦主人（ヒコウシ）王と振媛（フリヒメ）であると記されています。ヲホトの前王の武烈天皇には男子の後継者がいませんでした。そのために応神天皇の遠い子孫に当たるヲホトを即位させたというわけですが、ヲホトと応神天皇との系譜上の関係は『古事記』応神段末尾の帝紀の部分に一括記載されています。父系の系譜になっており図示しますと左のようになります。①の人物は王名が記載されていませんので不明の状態、②の人名は書紀Cの伝記によって彦主人王であることがわかります。

【D】品陀天皇──若野毛二俣王──大郎子（意富富杼王）──①──②──ヲホト大王

若野毛二俣王はその名に込められた二俣の機能（王から系譜が二つに分岐するという意味）から架空の人物と判断でき、大郎子は亦名がオホホト王とありますようにヲホト大王の名をヒントに案出された名で、実名は別に存在したと考えられ、後で触れることにします。それよりもこの系譜で最も注意すべき問題は①の人名が省かれていることで、政府が編纂した書物の信用性に関わることです。私はこれには意図的な情報隠しがあるとみております。と言いますのは、ヲホト大王の祖先系譜を記した別の文献には①の人名が明記されているからです。それは次のような内容の系譜です。

【E】凡牟都和希王─若野毛二俣王─大郎子（意富々等王）─乎非王─汙斯王─乎富等大公王

この系譜は卜部兼方（鎌倉中期の古典学者）の著書『釈日本紀』に引用する「上宮記」という書物に引かれたヲホト大王の祖先系譜に関する逸文で、記・紀の素材よりもやや古い時期（七世紀中葉）の用字法を保存していると評されていますが、両者を比較してみますと明らかに相異する点が二つあります。その一つは、品陀天皇が「凡牟都和希王」という名で記されていること、もう一つは先に問題とした①の人名が「乎非王」と明記されていることです。

　まず、研究者の中には「凡牟都和希王」を応神天皇と同一人物であると解して怪しまない人がいますが、「上宮記」一云に使用されている「都」字は全てツと読ませていますので、陀・太・田などで表されているタ音とは厳密に区別する必要があり、ホムタワケ王ではなくホムツワケ王がヲホト大王の先祖なのだという伝承が記・紀編纂時より以前に存在したことがわかるのです。記・紀の所伝によりますと垂仁天皇の皇子に品牟都和気王＝誉津別王がいたことが伝えられており、不自然に後裔系譜が断たれています。ヲホト大王の真実の祖先は正確にはこのホムツワケ王ではないかと考えられるのです。

　それから、ヲホトの祖父に当たる「乎非王」を記・紀の編者が省いた理由ですが、「乎非王」とは甥王の意味で実名ではなかったからではないかと想像できますが、それとは別に政治的な意図のためではないかとも考えられます。甥は母の兄弟からみた男子の呼び名ですが、「上宮記」一云には乎非王の母の名を「中斯知命（ナカシチノミコト）」と記しておりますので、試みに五世紀代の王族で類似する人名を詳しく調べてみますと『日本書紀』に登場する中磯皇女（中蒂姫皇女）が候補に挙げられ、系譜関係は系図1のようになります。仮に中磯皇女がナカシチ命を指すならば乎非王の実名は眉輪（マユワ）王になるのです。

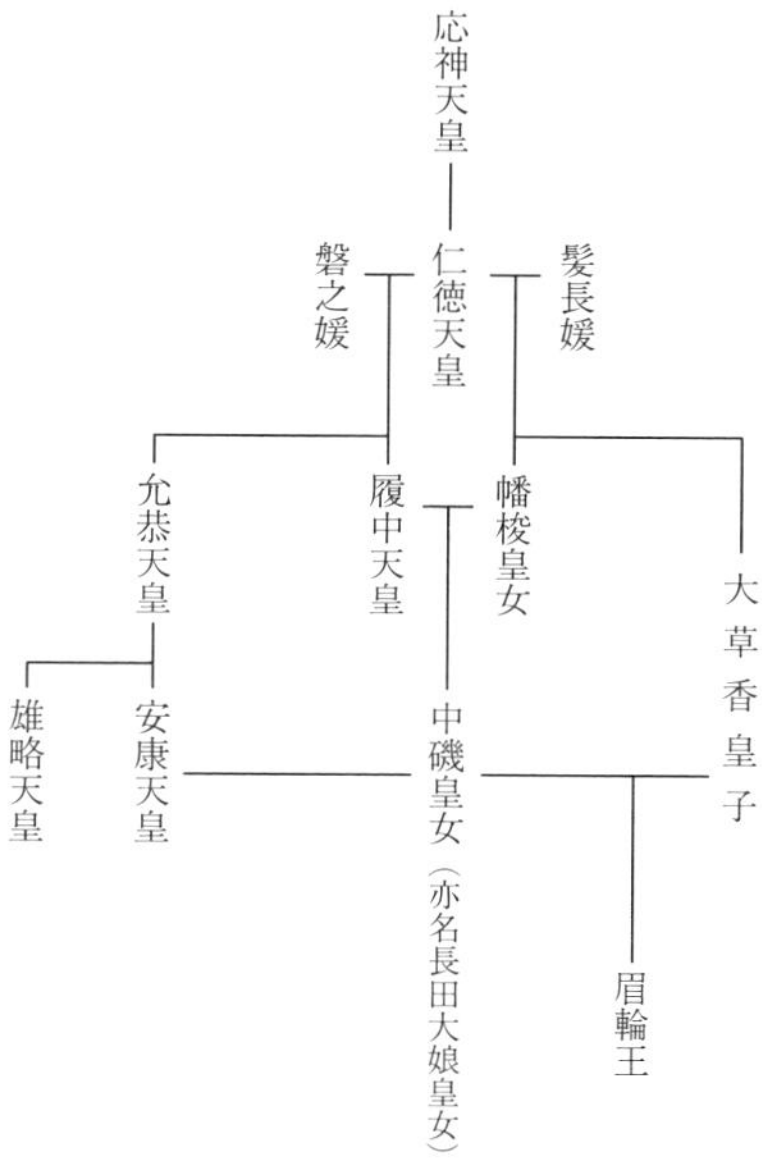

系図1　『日本書紀』中の系図

　伝承を読んでみますと中磯皇女は最初大草香皇子

の妃となり眉輪王を儲けましたが、安康天皇が大草香皇子を滅ぼして皇女を皇后に迎え、幼い眉輪王も義理の叔父に引き取られたと伝えています。後に眉輪王は実父を殺したのが安康であることを知って天皇を暗殺したために、雄略天皇の攻撃を受けて殺されてしまいます。このように中磯皇女は皇位継承問題の内紛で悲劇に見舞われた女性ということになりますが、不思議なことに『古事記』には中磯皇女なる女性はいっさい出てこないのです。系譜関係を図示しますと次のようになります。

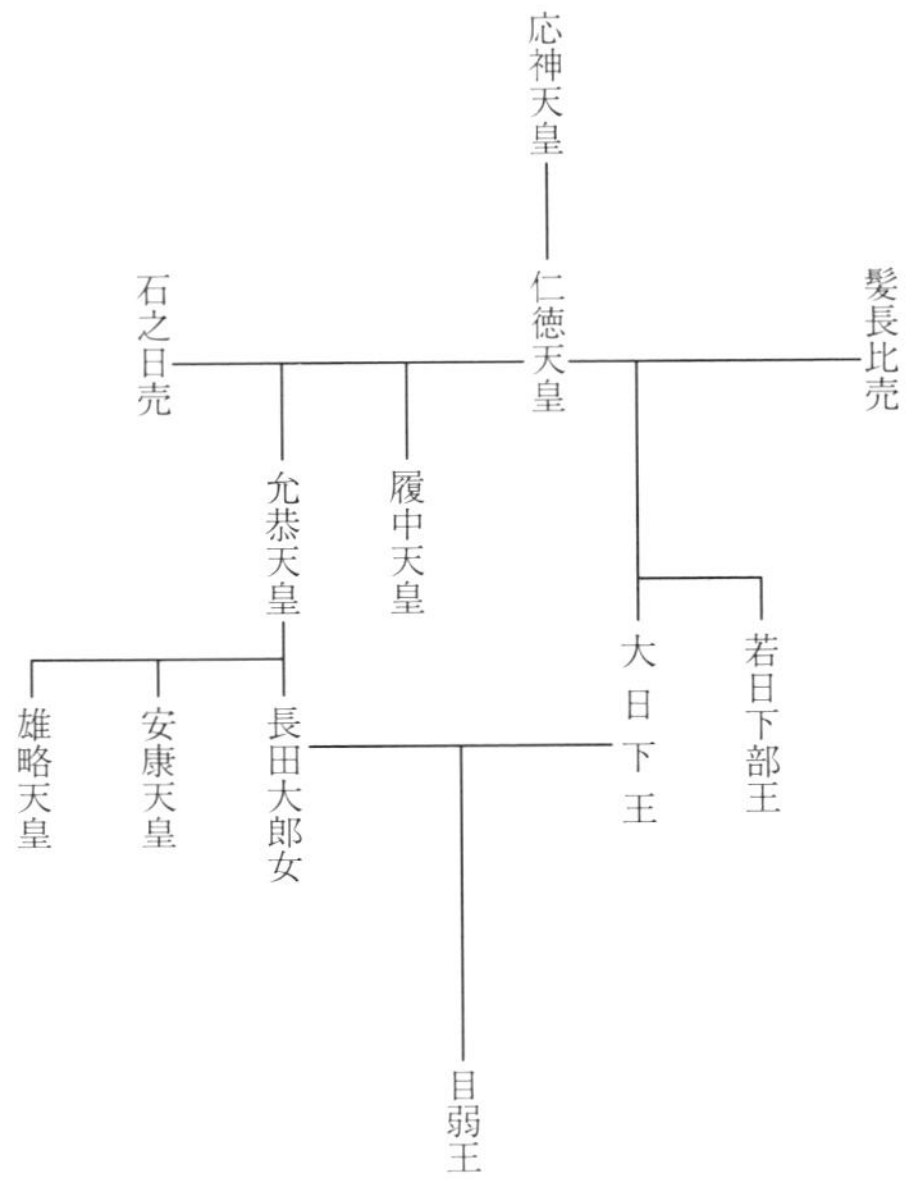

系図2　『古事記』中の系図

『古事記』は大日下《くさか》王の嫡妻を允恭天皇の娘の長田大郎女としています。この伝承ですと大日下王が安康天皇に滅ぼされた理由がわかりやすくなります。大日下王は允恭天皇家の入り婿となって王位の継承に有利な立場を得、それがもとで安康兄弟と対立したことになるからです。また、長田大郎女の子目弱王が安康の実の甥に当たることも明確です。書紀の中磯皇女には長田大娘皇女という亦名(別名)がありますが、むしろ亦名の方が正しい伝承であった可能性が高く、中磯皇女は実在しない虚像の人物であると判断できます。なぜ虚像の皇女がわざわざ造作されたのかと言いますと、事件後の安康天皇と長田大郎女との婚姻が実の姉弟による近親相姦になるからです。社会的に許されない行為を隠蔽するための措置として中磯皇女という系譜違いの女性が創り出され、書紀に書き込まれたのだと推測されます。そうしますとそのような配慮をしていない『古事記』の系譜の方が伝承の原型を保持していると評価できるのです。

以上の考察から、ヲホト大王の始祖はホムツワケ王で、祖父に当たる乎非王なる人物の実名が眉輪王（目弱王）である可能性が高いことが明らかになってきました。この推測が正しいとしますと、眉輪王の父親は大草香皇子（大日下王）ということになりますから、先ほどの【E】をもとにして次のような系譜を具体的に復原できることになります。因みに乎非王の先代の名は大郎子（跡取り息子の意）という普通名詞でしたが、大草香皇子も『古事記』応神段に波多毘能大郎子という別名を持っていることを指摘しておきます。

【F】ホムツワケ王……大草香皇子（大郎子）――眉輪王――汙斯王――ヲホト大王

次に問題となりますのはホムツワケ王と大草香皇子の続柄ですが、先ほど掲示しました記・紀の系譜ではいずれも大草香皇子は仁徳天皇と日向の髪長媛との婚姻によって生まれた子と伝えています。ただ、書紀では皇子の妹幡梭皇女は履中天皇と結婚して中磯皇女を儲けた後、安康天皇の発案により雄略天皇に再嫁したことになっており、先ほど指摘しましたように前者の結婚が明確な造作・潤色であるとしますと、大草香皇子とその妹は安康・雄略と同世代であった蓋然性が高くなります。つまり大草香皇子の本当の父親は仁徳天皇ではなく別の人物であったと考えられ、その人物こそがホムツワケ王だと推測されるわけです。すなわち【F】は最終的には次のように復原できると思います。

【G】ホムツワケ王――大草香皇子（大郎子）――眉輪王（乎非王）――汙斯王――ヲホト大王

これがヲホトに関する父系の真実の祖先系譜であると仮定しますと、ヲホト大王に関し次のような事実が浮かび上がってきます。

第一に、ヲホト大王は一部の研究者が言う地方豪族に出自を持つ謎の人物ではなく、五世紀の王統に属する歴とした王族の生まれであったと言えます。ヲホトの曽祖父の母族は筑紫の日向国出身の髪長媛という女性でしたので、王位の継承資格は備わっていましたが、王統内では身分的に低い地位・立場にあったと考えられます。

第二に、大草香皇子は王位継承問題で安康天皇と激しく対立して滅ぼされたようです。また、眉輪王は父親を殺された恨みで安康天皇を暗殺し、雄略天皇の手で抹殺されてしまいます。経緯からみて眉輪王は帝王殺しを行った罪人でありますが、そのことが孫に当たるヲホトの即位に強い影響を及ぼした可能性が高く、ヲホトの出自がはっきりしない、換言しますと皇統譜において公然化できない原因にもなっていると考えられるのです。

第三に、眉輪王には汙斯王(彦主人王)という子がいたらしいのですが、幼い王は父の犯罪に連坐して近江国の坂田郡に配流され豪族息長氏の庇護下に置かれたようです。後にヲホトが近江国高嶋郡の三尾または越前国坂井郡の三国から擁立されたとする所伝は、彼が地方出身者であることを意味するものではなく、父の流罪に起因するものと考えられます。

第四に、ヲホト大王の父系の始祖の位置を占めるホムツワケ王は記・紀の皇統譜からは排除され、これに代わってホムタワケ王＝応神天皇が皇統の始祖の地位を占めています。従来から応神天皇はヤマト王権の始祖帝王、つまり皇統譜上の初代天皇ではないかとする見方があるのですが、私見によりますと応神天皇は実在した天皇ではなく、ホムツワケ王の存在を否定するために案出された虚像で、ヲホト大王はホムツワケ王の四世の子孫に当たる由緒正しい王族だったと言えるのではないでしょうか。

かなり煩雑で大胆な仮説を提起して参りましたが、本格的な議論の前提として基礎的な史実を明らかにする必要がありましたので、読者のご海容をお願いしたいと思います。ヲホト大王の系譜関係についての私見を基軸にして考えを進めてみますと、陵墓の問題にも一定の見通しをつけることができるのではないかと考えられますので、ここからはヲホト大王の陵墓の謎を解くことにいたします。

三　ヲホト大王の陵墓について

さて、大阪平野の北東部で淀川右岸の三島地域には確実に王陵と目される古墳が二基あります。そのひとつは大阪府茨木市太田に所在する太田茶臼山古墳で、墳丘全長二二六メートルの規模を持つ五世紀中葉頃の前方後円墳です。古市・百舌鳥古墳群の中で同時期の陵墓と比較しますと、允恭天皇陵（二三〇メートル）・墓山古墳（二二五メートル）・百舌鳥御廟山古墳（一八六メートル）などと同規模になり、大王陵より一段格下の陵墓という点で共通します。

一方、右の古墳から一・五キロメートルしか離れていない高槻市郡家西町に所在する今城塚古墳は墳丘全長一九〇メートルの前方後円墳で、発掘調査の結果六世紀前半に造営された古墳であると論定されています。当代の古墳としては全国的にみても最大級の規模を誇るもので、大王陵とみなして問題がありません。周知のように太田茶臼山古墳は宮内庁の管理下にあり継体天皇の三島藍野陵に治定されて墳丘が保全されていますが、考古学界の大勢としましては真実のヲホト大王陵を今城塚古墳に比定するのが妥当な情勢になっておりまして、今後この見方を修正しなければならなくなる必然性はもはやないだろうと思います。

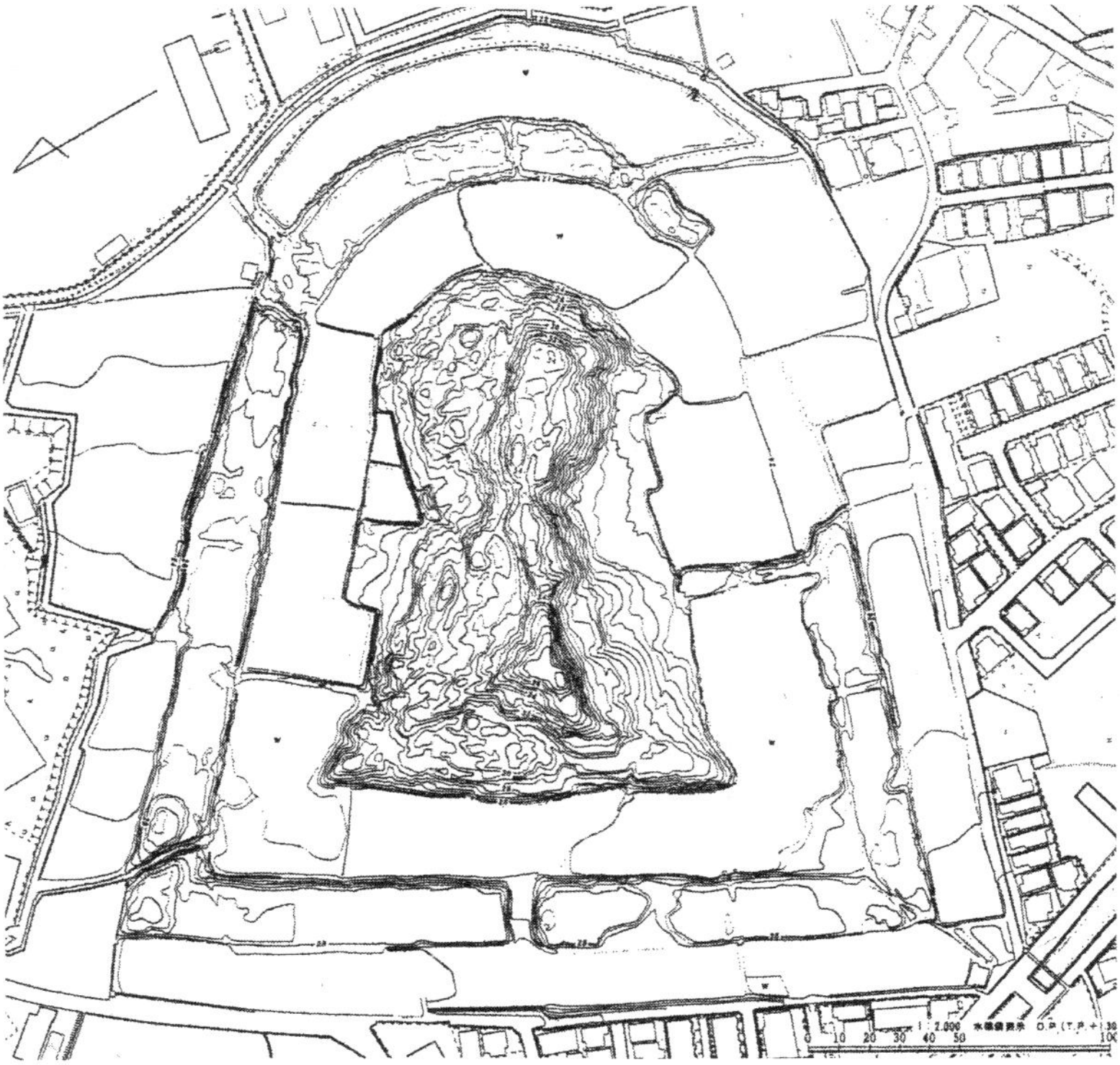

図２　今城塚古墳（６世紀前半）

枚方市文化財研究調査会編『継体大王とその時代』（和泉書院、2000年）所収の測量図より転載

ところで、これら両古墳には同じ高槻市の新池遺跡で見つかった一八基の埴輪窯で製作された各種の埴輪が供給されていたことが明確になっていまして、茶臼山古墳出土の埴輪と今城塚古墳のものとでは八十年ほどの時期差がありますが、同じ埴輪窯から葬送儀礼用の埴輪の供給を受けている事実は、双方の陵墓の被葬者が互いに密接な関係にあったことを示唆するものではないでしょうか。なお、最近では羽曳野市と松原市の行政境界線上に位置します河内大塚山古墳（墳丘全長三三五メートルの前方後円墳）でも新池遺跡で製作された埴輪が出土していますが、本墳はヲホトの二男宣化天皇の未完成陵墓であるとする見解が有力になって

おりまして、太田茶臼山古墳の被葬者がヲホト大王の二、三代前の先祖に当たる人物ではないかとする憶測を強めるものです。

つまりヲホト大王の陵墓が五世紀代の王陵造営地であります古市・百舌鳥古墳群からは遠くかけ離れた三島地域に造営された主な要因は、ヲホトが地方豪族なので王陵造営地に墳墓を造る資格がなかったという説や、あるいはヲホトの本拠地が実際には三島地域にあったのだとみる説よりも、大王の系譜上の先祖の陵墓のある土地が選定されたとする考え方が妥当なのではないでしょうか。太田茶臼山古墳はヲホトにとってきわめて重要な先祖の陵墓で、その近傍の地に自己の奥津城を造営しようと企画した、そのために一見するとヲホトの出自や素姓が異例なものと思われてきたというのがことの本質ではないでしょうか。ヲホ

図３　太田茶臼山古墳（５世紀中葉）
枚方市文化財研究調査会編『継体大王とその時代』（和泉書院、2000年）所収の測量図より転載

ト大王にとって自己の身分と出自とを明確に顕現できる先祖の王陵と肩を並べる形で、換言すれば先祖を顕彰する意味で三島に陵墓を造営したと考えられるのです。

それでは問題は太田茶臼山古墳の被葬者が誰なのかということになりますが、考古学者の白石太一郎はヲホトの父彦主人王の陵墓だとする説を出しています。しかるに、『上宮記』一云には彦主人王がヲホトを成して以後夭逝したと伝えており、王の死没年次をとても五世紀中葉に遡らせ得ないことや、王が近江に配流されており、巨大な古墳を畿内に造営するだけの事績や勢威を誇った人物とは考えられませんので、遺憾ながら白石説に賛同することはできません。それでは本墳を誰の陵墓に比定できるのかと言いますと、前節に検討しましたヲホト大王の祖先系譜に占める重要性からみて、大草香皇子のものであるというのが私案ですので、そのことについて改めて述べてみようと思います。

記・紀双方の伝承によりますと、大草香皇子（波多毘能大郎子・大日下王）は父を仁徳天皇とし、母は日向国諸県郡の豪族諸県君牛諸井の娘髪長媛とされています。書紀応神一三年九月条の伝記によりますと、諸県君牛は長らく天皇の宮廷に出仕した後、老齢で帰郷するに際し娘を天皇に献上したと伝えているのです。都に召された髪長媛は書紀によりますと「桑津邑」に安置されたと伝えています。その場所の候補につきましては、摂津国豊嶋郡桑津郷（伊丹市東桑津・西桑津）とする説と、大阪市東住吉区桑津に比定する説とがあり、いずれが正解なのか明確ではありませんが、前者の可能性が高いと考えています。

豊嶋郡桑津郷の地は伊丹台地の東縁部で猪名川下流左岸に広がる氾濫原の地勢を成していますが、五世紀頃には弥生時代以来形成された河津や集落が付近に散在し、西方に広がる伊丹台地には御願塚などの古墳の存在から猪名県を管理する県主一族が古くから蟠踞していたようです。また、猪名川河口付近には造船の匠でありました新羅系渡来集団の猪名部が居住し、上流部の豊富な船材資源に恵まれて有力な港津が形成されていました。また桑津邑付近は京都盆地・東摂と西摂・播磨・山陽地方とを結ぶ幹線道（後の山陽道・西国街道）の渡河点としての交通上の要衝でもありますので、政治的・経済的に看過できない地域であったとみることができます。

しかも、六世紀代になりますと猪名川中流域の一帯は宣化天皇の子火穂王（火焔皇子）と恵波王（上殖葉皇子）の子孫に当たる椎田君（河辺郡椎堂）・韋那君・（河辺郡為那郷）・川原公（河辺郡瓦宮）らの本拠地になった土地ですので、彼らがこの地域に入部してきた歴史的な背景が日向の髪長媛の桑津邑への居住を起源とし、それを継承した大草香皇子とその子孫である継体天皇の拠点の存在によるのではないでしょうか。

ところで、大草香皇子はホムツワケ王の子として有力な王位継承候補者となりますが、大和国内に王宮を経営した形跡がありません。地方辺境の母族出身という点で中央の王族集団から政治的に疎外された可能性が濃く、河内国河内郡の日下（東大阪市日下町）に王宮を構えたようです。日下付近は背後に生駒山を負い前面には広大な汽水湖である日下江（河内潟）の広がる山麓傾斜地で、「日下之蓼津」（『古事記』神武段）・「河内国草香邑青雲白肩之津」（『日本書紀』神武即位前紀）と呼ばれた港津が所在し、生駒山地に沿う形で東高野街道が南北に貫通していますので、この地も河内国内では水陸両交通上の要衝に当たる場所だったと考えられます。『古事記』雄略段の伝承によりますと、大日下王の妹若日下部王に求婚しようとした雄略天皇は、大和の平群から「日下之直越道」を経て日下へ行幸したと伝えておりまして、王が日下宮を拠点としたことに疑問はないと思います。

そうしますと、大草香皇子の畿内における活動拠点は少なくとも中摂の「桑津邑」と河内東部の「日下宮」ということになりますが、いずれの地も陸上・水上交通上の要衝の地としての特質を示す点で共通しているだけではなく、双方の土地は見かけ上は遠く離れているようですが、実のところは緊密に結びついていたと思われます。陸路の点では日下—東高野街道—樟葉(久須婆之渡)—西国街道—桑津邑が結ばれ、舟運では日下—日下江—淀川下流—浪速之渡—猪名川—桑津邑という主に潟湖・河川航路を描くことが可能になります。皇子の政治的・経済的活動の詳細を復原することはかなり困難ですが、三島地域は右の西国街道の沿線であるとともに、淀川・芥川・安威川下流域の港津地帯を形成しておりまして、日下—三島—桑津邑を結ぶ水陸両ラインは大草香皇子の日常的な活動範囲に収まるものとみることができます。すなわち河内潟の東西と北辺一帯の地域に大草香皇子の勢力圏が形成されたとみられるわけで、後に継体天皇が樟葉宮で最初に即位したのも大草香皇子の息のかかった地域をまず掌握するためであったと推測できるわけです。こうした由緒により政治的敗残者となった皇子の陵墓がまず三島に造営されたのではないでしょうか。

四　ヲホト大王と河内の馬飼集団

『日本書紀』継体即位前紀によりますと、大伴大連金村の提議により物部大連麁鹿火・巨勢大臣男人らの重臣は越前に逼塞していたヲホト王に目をつけ即位を要請したとされています。この時王は自らの去就について迷っていましたが、知り合いの河内馬飼首荒籠が使者を王のもとに派遣して金村らの本意を丁寧に説明し、その結果遂に即位を決断したと伝え、荒籠はこのことをもってヲホト大王の寵遇を得たと記されています。

河内馬飼首なる氏族は主に河内国讃良郡(四条畷市・大東市)を本拠地とし馬の飼養・管理を専職とした渡来系の集団で、配下の馬飼部を統率・管理する任務に当たっていました。国内で馬の利用が開始されましたのは四世紀後半以後のことで、五世紀代を通じて支配層から乗馬の技術が浸透していきます。王権は馬の飼育のために大和・河内など王都周辺の各地に牧を設定し、馬の政治的・軍事的利用を高めていきます。なかでも河内は馬飼部が最も多く設置された地域で、生駒山麓から淀川沿岸の地方は放牧に適した地域であったと言われています。とりわけ鳥養牧（摂津市鳥飼）・豊嶋牧（吹田市江坂町）・為奈野牧（尼崎市御園・食満）は奈良・平安時代に左右馬寮直属の馬牧として著名なもので、五世紀代に遡る由来を持つと思われます。

天武一二年（六八三）九月に川内馬飼造は倭馬飼造とともに連姓に改められましたが、同年一〇月には娑羅羅馬飼造・菟野馬飼造が同じく連姓を授けられています。娑羅羅・菟野はいずれも地名でありまして、「河内国の更荒郡の鸕鷀野邑」（『日本書紀』欽明二十三年七月条）・「更荒郡馬甘里」（『日本霊異記』）などの史料が彼らの集団的居住地を示しています。言うまでもなく讃良郡は河内郡日下郷のすぐ北方に隣接する地域でありまして、大草香皇子が日下宮に本居を設定した段階から馬飼集団との親密な関係が形成されたのではないかと想像されます。ヲホト王が荒籠と知り合いであったとされるのは、曽祖父の時期からの双方の関係が何らかの形で持続していたことによるものと推測できるのです。

さて、話は少し横道にそれますが、推古天皇主催の饗宴において大臣蘇我馬子が歌を献呈したのに対して天皇が次のような返歌を披露したと伝えています。

真蘇我よ　蘇我の子らは　馬ならば　日向の駒　太刀ならば　呉の真刀
諾しかも　蘇我の子らを　大君の　使はすらしき
（『日本書紀』推古二〇年正月条）

【蘇我の氏人よ、あなた方は馬ならば日向産の馬、太刀ならば呉国の真刀である。それほど優れた蘇我の氏人を大君がお使いになるのは当然であることよ】

蘇我氏の日頃の忠義を「日向の駒」「呉の真刀」を引き合いに出して天皇が讃えています。馬と刀は特に軍事的な権威を象徴するものですが、列島各地から朝廷に献上される馬のうち「日向の駒」は王都でも良馬の誉れ高い馬で、おそらく蘇我氏や天皇らはこの馬を多数独占していたのでしょう。

ところで、推古朝において外交・儀礼などの分野で大いに活躍した氏族に額田部連比羅夫という人物があり、同族の額田部湯坐連や額田部河田連がそれぞれに次のような氏族伝承を主張しています。

允恭天皇の御世に、薩摩国に遣わされ、隼人を平らぐ。復奏の日、御馬一匹を献るに、額に町形の廻毛有り。天皇これを嘉めて、姓を額田部と賜る。

（『新撰姓氏録』左京神別下・額田部湯坐連）

允恭天皇の御世に、額田馬を献る。天皇勅すらく、此の馬の額は田町の如し、と。仍りて姓を額田連と賜る。

（『新撰姓氏録』大和国神別・額田部河田連）

薩摩国は奈良時代初頭に日向国から分立した国ですから伝記の語る時代を単純には信用できません。隼人平定の時に特殊な毛並みの馬を献上したというのも事実ではないでしょう。それよりも、額田部という氏姓はこの一族が「額田馬」と呼ばれた名馬を飼育・調練していたから授けられたと考えられます。ただし、「額田馬」の原産地はやはり日向とみてよく、額田馬を中央で飼育していた氏族らは日向から種馬を持続的に確保していたとみることができます。興味深いのは、大和国平群郡に額田郷（大和郡山市額田部）が、河内国河内郡にも額田郷（東大阪市額田町）がありまして、河内郡額田郷には額田部湯坐連や額田首らの氏族が居住していました。河内郡は大草香皇子の日下宮《くさか》のお膝元でありまして、日向国諸県郡の母族との関係から「日向の駒＝額田馬」を河内にもたらし、その飼育を額田部集団に担当させたと推測でき、河内の馬牧はかなりの部分が大草香皇子の管掌下に置かれたことも推定できます。

このように考えてきますと、大草香皇子は桑津邑と日下宮を拠点とし北河内・中河内・北摂地域の水陸双方の交通路を利用して、その政治的・経済的勢威を蓄積・伸長させ、ホムツワケ王の子としての立場から王位の継承にも強い意欲を燃やしましたが、軍馬と馬飼部集団の支配を目論む允恭天皇の子息たちと厳しく対立して滅亡させられ、その結果家系そのものの廃滅寸前という危機的状態に陥ったことはすでに説明した通りであります。

五　筑紫君磐井の反乱

本稿の最後にもう一つの重要な問題を指摘しておきます。それはヲホト大王の即位の正統性に関わる問題です。『古事記』継体段の最末尾の部分に次のような記事がみえているのに注目したいのです。

此の御世に、竺紫君石井、天皇の命に従はずして、多く礼无かりき。故、物部荒甲の大連、大伴の金村の連二人を遣はして、石井を殺したまひき。

竺紫とは北部九州の筑前・筑後などの一帯を指す領域名です。人名の石井は書紀の用語を借りて磐井と記すことにします。磐井はヲホト大王が即位するとその命にそむくようになり、「多く礼无《な》かりき」と記されています。「礼

（キヤ）无し」とは相手を尊敬せず失礼な行いをすることです。彼は筑紫君という氏姓を持っていますのでヤマト王権の政治秩序に組み込まれていた人物です。他方では、筑紫君を名乗り在地支配者としての顔を持っていました。問題は右の文章にある「多く礼无かりき」の実体です。周知のように、『日本書紀』には磐井の数々の反逆行為が列挙されています。具体的には次のような内容です。

新羅に占領された南加羅（金官国）・喙己呑（慶山）を再建すべく、朝廷は近江臣毛野に六万の軍を授けて渡海させようとしました。ところが、磐井は新羅からの賄賂を得て火（肥前・肥後）・豊（豊前・豊後）両国にまで勢力圏を拡大し朝廷への貢進物の献上を阻み、朝鮮諸国からの貢職船をも自らの差配下に収め、毛野軍の進撃を妨害・阻止し、もと同僚であった毛野臣に暴言を吐いて戦闘を開始したとされています。こうしたことが事実であるとしますと、磐井が将軍らの手で討伐されたのは当然だという評価につながるでしょう。しかし、本当に磐井はこれらの反逆行為を行ったのでしょうか。書紀の余りにも整った記述を全面的に信用できないというのが私の考えです。

もはや紙数が尽きましたので結論だけを記すことにします。『古事記』の「多く礼无かりき」とは、磐井がヲホト大王の出自に日頃より憤懣を懐き、罪人の後裔が即位したことを否認する言辞を盛んに吐いたことを意味するのではないでしょうか。ヲホト大王は大草香皇子の子孫ですから日向系の王族と言えますが、磐井は筑後国八女郡を本拠地とした人で、九州出身の豪族としては同じです。その上眉輪王事件に言及してヲホトの統治の正統性を否定したのではないでしょうか。実はそのためにこそ、ヲホト大王の後継者である欽明天皇は「帝紀・旧辞」を編纂し、さらには天武天皇が記・紀の編纂事業を起こして王統の正当化を図る必要があったのだと考えられるのです。初代天皇神武が日向から大和に東征したとする説話の創作理由もその辺にあるのではないかと思われるのですが、この問題は稿を改めて論じることにします。

〔参考文献〕
大阪歴史学会『ヒストリア』二二八号、特集・河内大塚山古墳と「辛亥の変」、二〇一一年
大橋信弥『継体天皇と即位の謎』吉川弘文館、二〇〇七年
岡田精司「継体天皇の出自とその背景」『日本史研究』一二八号、一九八二年
(財)枚方市文化財研究調査会編『継体大王とその時代』和泉書院、二〇〇〇年
坂江渉編著『神戸・阪神間の古代史』のじぎく文庫、二〇一一年
白石太一郎編『天皇陵古墳を考える』学生社、二〇一二年
高槻市教育委員会編『継体天皇と今城塚古墳』吉川弘文館、一九九七年
直木孝次郎「継体朝の動乱と神武伝説」『日本古代国家の構造』青木書店、一九五八年
前田晴人『倭の五王と二つの王家』同成社、二〇〇九年
前田晴人『継体天皇と王統譜』同成社、二〇一〇年
前田晴人『卑弥呼と古代の天皇』同成社、二〇一二年
水谷千秋『継体天皇と古代の王権』和泉書院、一九九九年
水谷千秋『謎の大王継体天皇』文藝春秋、二〇〇一年

物部氏と蘇我氏

―丁未の乱をめぐる遺跡と古墳―

米田敏幸

物部氏と蘇我氏は、六世紀の古代王朝を支えた有力豪族ですが、仏教の受容をめぐって対立し、西暦五八七年の丁未の乱によって激突します。以後勝者となった蘇我氏が政治の中心となり、大王家を凌ぐ権力を掌握します。一方敗者である物部氏の勢力は衰退します。ここでは、丁未の乱をめぐる両氏族の系譜と動向、そしてその影響についてまとめるとともに考古学的事象から物部氏の遺跡についての考察を行います。

一　物部氏について

物部氏は大和王権の軍事、警察、祭祀を職掌として担った連姓の氏族であり、大伴氏とともに大和朝廷の軍事面での活躍記事が多く見られます。『日本書紀』によると物部氏は神武伝承に登場する櫛玉饒速日命を始祖としています。また物部氏の系譜、伝承については『先代旧事本紀』に記されています。学術的には偽書とされている『先代旧事本紀』の成立は古く、大同年間(八〇六~八一〇)以後、延喜書紀講筵(九〇四~九〇六)以前と推定されています。

『先代旧事本紀』では「饒速日尊、天神の御祖の詔を稟け、天磐船に乗りて、河内国の河上の哮峯に天降り坐し、即ち大倭国の鳥見の白庭山に遷り坐す。謂はゆる天磐船に乗りて、大虚空を翔り行き、是の郷を巡り睨て、天降り坐す。即ち虚空見日本国と謂ふは是れなり。」とあり、饒速日の降臨が記されています。

河内国の河上の哮峯は現在の大阪府交野市私市の磐船神社付近とされます。

物部氏の系譜や伝承、神名、饒速日尊に関する独自の記述により物部氏に関する記事には現存しない物部氏の文献からの引用があり、資料的に価値があるとされ、畑井弘氏により左のような系図が示されています。

しかし、実際に物部連の祖として史上に登場するのは、崇神紀に出てくる倭大国魂神を祀る祭主である物部伊香色雄です。

垂仁朝になって皇子の五十瓊敷命が妹の大中姫に神宝の管理の職を譲ったとき、物部十千根大連にこの職を授けて治めさせています。物部連が今に至るまで石上の神宝を掌るのは、これがその始めであるとされ、石上神宮と物部氏の関わりがはじめて出ています。

さて、物部氏は物部八十伴雄といって多くの物部氏が全国に広がっています。それを統括するのが物部大連であり、中でも六世紀後半に登場する物部弓削大連守屋が最も有名です。さて物部大連としては歴史上に十千根、目、麁鹿火、尾輿、守屋等が記載されています。物部十千根は、垂仁天皇に石上神宮の神宝の管理をまかされた人物です。また物部麁鹿火は継体天皇の擁立や磐井の乱を平定した人物として知られます。物部麁鹿火と大伴金村の継体

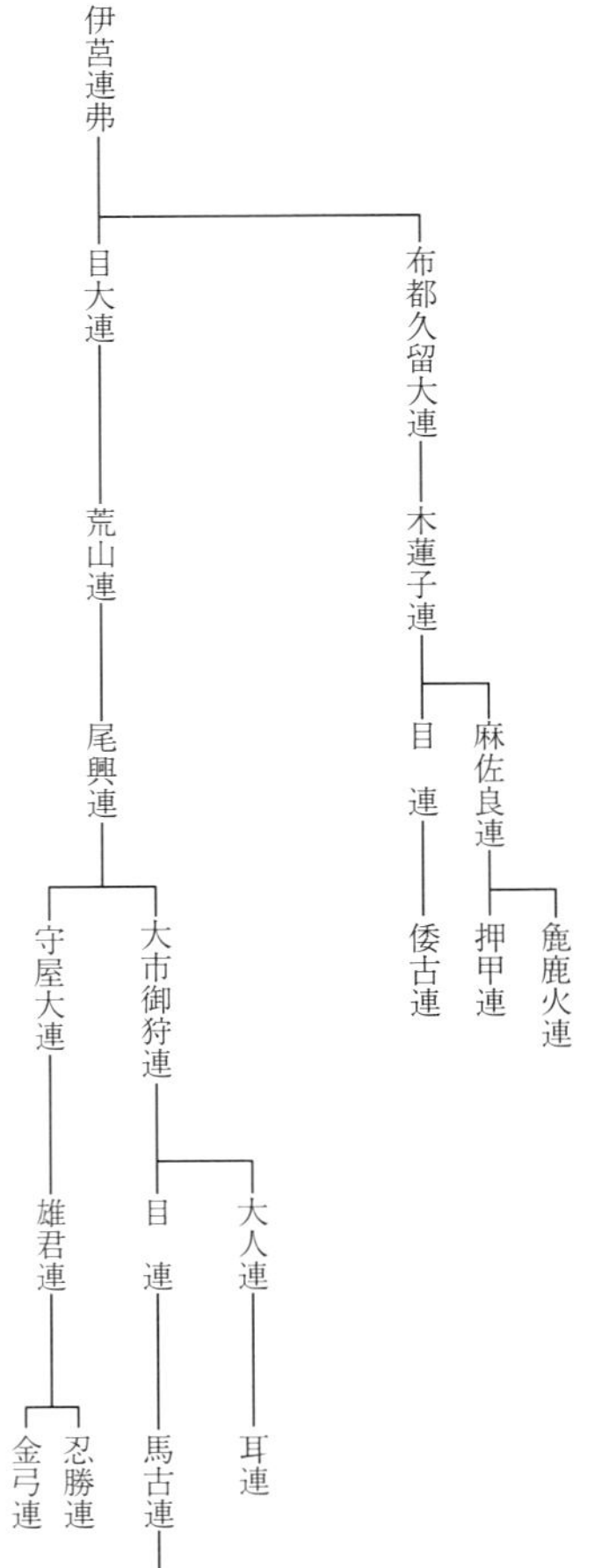

物部氏系図

『先代旧事本紀』第５巻「天孫本紀」を基にした系図

天皇擁立に関わっては、物部氏の領域の豪族である河内馬飼首荒籠が継体に使者として派遣されています。最近河内馬飼首に関する遺構や遺物を想わせる掘立柱建物などの集落遺構をはじめ木製や鉄製の馬具や韓式系土器等の遺物が四条畷市の蔀屋《しとみや》北遺跡で出土しています。

物部大連尾輿、守屋の父子は蘇我大臣稲目、馬子父子と崇仏、排仏をめぐって二代にわたり対立関係があったことが伝わっています。物部尾輿は守屋の父であり、欽明朝の大連です。仏教の受容をめぐって時の大臣蘇我稲目と対立し、五五二年（欽明一三）の仏教公伝の際に中臣鎌子とともに排仏を主張し、向原の寺を焼き、仏像を難波の掘江に流したことで知られています。尾輿の本拠も河内を根拠としていたことが窺われます。

物部守屋は、敏達朝から用明朝の時期の大連であり、蘇我馬子らと崇仏、排仏をめぐって対立し、皇位継承も絡む丁未の乱で滅亡したことは周知のとおりです。

二　蘇我氏について

蘇我氏の出自については河内の石川（大阪府太子町、河南町）が本貫とする説と宗我坐宗我都比古神社が所在する大和の曽我（橿原市）とする説があります。また、履中～雄略朝に活躍する蘇我満智を百済の官人である木満致と同一人物とし、さらに雄略紀に登場する征討将軍の蘇我韓子や高麗といった半島に因む名前が六世紀前半以前に見られることから、蘇我氏渡来人説があります。しかし、六世紀に台頭してきた蘇我稲目より前の系譜は後に付け加えられたとする説もあります。蘇我臣の祖先は武内宿禰とされ、葛城臣、平群臣、巨勢臣、波多臣、紀臣と言った臣姓氏族が蘇我臣と同族とされます。武内宿禰は記紀で景行～仁徳天皇の大和朝廷に仕えたとされる伝説的人物です

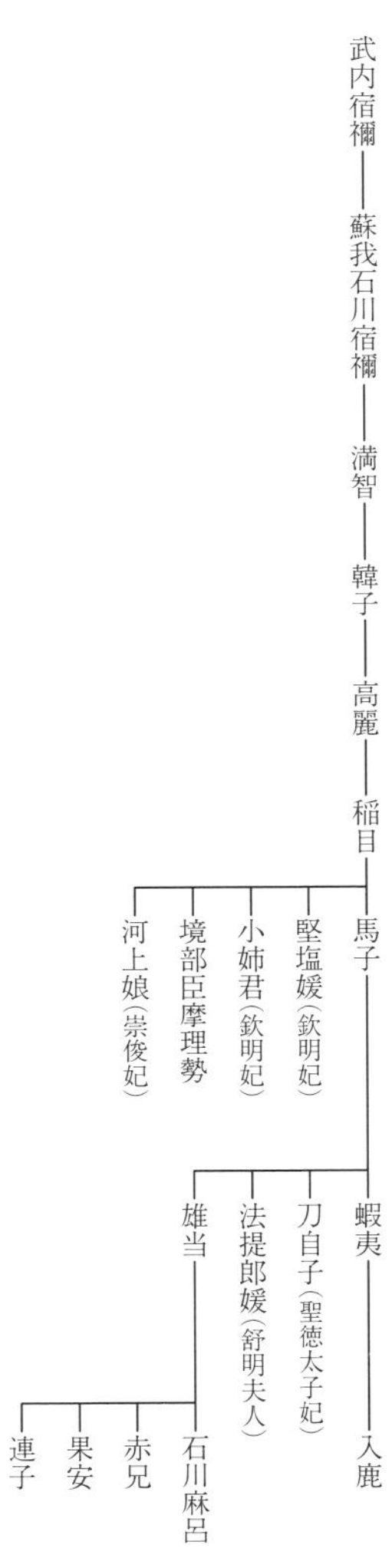

蘇我氏系図

が、蘇我氏はそれを同祖とすることで擬制的同族関係により、臣姓氏族を束ね、大和の豪族連合を形成し、欽明朝に至って蘇我稲目が大臣となって物部尾興大連とともに政権の中枢として活躍したと考えられます。そして五世紀の天皇家に妃を出していた葛城氏と同族とすることにより、天皇家の外戚としての地位を強固なものにしたと思われます。

また、推古三二年（六二四）に蘇我馬子が大王家の直轄領であった葛城御県の割譲を蘇我氏所縁の地であることを根拠にして推古天皇に要求していることや六四二年に蘇我蝦夷が葛城の高宮に祖廟を建て、八佾の舞を行ったとするのは、葛城氏の後裔を意識していたことを示す記事です。

また、仏教に帰依し、その受容をめぐって物部氏と対立したことはよく知られています。

欽明一三年（五五二）の仏教伝来にあたっては、蘇我稲目が小墾田の家に仏像を安置し、向原の家を寺としたとあります。敏達一三年（五八四）には蘇我馬子が百済から齎された仏像を安置するために邸宅の東に仏殿を建てました。さらに石川の邸宅にも仏殿を設けたとあります。

しかしこのような蘇我氏の仏教受容に対する積極姿勢は物部氏との対立を引き起こし、蘇我稲目対物部尾輿、蘇我馬子対物部守屋の二代にわたる対立は次の丁未の乱へと発展します。

三　丁未の乱

物部大連として河内を中心に活躍したのが物部守屋であることは言うまでもありません。用明二年(五八七)に蘇我氏を中心とする豪族連合軍によって滅ぼされるまで、大和朝廷の政治的中心人物であったことが日本書紀に記されています。

守屋は物部弓削守屋大連と呼ばれ、その名から八尾市の弓削付近を本拠地としていた豪族であることは明らかです。五七一年の敏達天皇の即位記事に「物部弓削守屋大連を以て大連とすること故の通り。」とあり、欽明天皇の時代に尾輿の後を継いで大連になっていたことは疑う余地はありません。したがって欽明、敏達、用明の三代にわたっての大連であり、敏達紀と用明紀の多くに物部守屋の記事が登場します。

日本書紀による物部守屋滅亡に至るまでの記録は以下のとおりです。

敏達一四年(五八五)物部弓削守屋大連と中臣勝海大夫が「疫病が流行って国の民が絶えてしまうのは、蘇我臣が仏法を興したことによる」と奏上し、天皇は「即刻仏法を断めよ」と詔を発します。「物部守屋大連は自ら寺に詣りて塔を倒し、火をつけて仏像仏殿等を焼く」と記されています。

用明元年(五八六)物部守屋大連は、穴穂部皇子の命により、三輪君逆を討ちます。

用明二年(五八七)用明天皇が三宝に帰依することを詔します。物部守屋大連と中臣勝海連はそれに違えたため物部守屋大連は、押坂部史毛屎より群臣が謀って道を断とうとしていることを聞き、河内の阿都の別業へ退き、人を集めます。

蘇我馬子大臣は群臣とともに、皇子や諸豪族の軍兵を率いて河内の志紀郡より渋川の家へ向かったとあります。この物部守屋討伐軍の構成は、以下のように皇族軍と諸豪族軍に分けられます。豪族軍は皇族軍とともに進軍した主力軍と別働隊が二手に分かれて河内に侵攻したとする説があります。

皇族軍　厩戸皇子、泊瀬部皇子、竹田皇子、難波皇子、春日皇子

豪族軍　蘇我馬子　東漢駒　秦河勝　膳臣賀拕夫　巨勢臣比良夫　紀男麻呂　葛城烏那羅→主力軍

平群臣神手　坂本臣糠手　大伴連噛　阿部臣人　春日臣→別働隊

一方それを迎え撃つ物部軍の構成も

物部守屋　捕鳥部萬　桜井田部膽渟　物部忍人　物部御狩　中臣糠手子

といった物部氏と中臣氏を中心とした連合軍です。戦場は河内の志紀郡、渋川郡、摂津難波、和泉(茅渟)と広い範囲にわたっています。戦いの経緯は次のように書かれています。

「守屋は自分の子弟と軍を集めて稲城を築いて戦った。その軍は強盛で、家に満ち野に溢れた。守屋は朴の木の枝間によじ登り矢を雨のように射かけた。皇子らの軍兵は恐怖し、三度退却した。これを見た厩戸皇子は仏法の加護を得ようと白膠の木を切り取り、四天王の像をつくり、若し勝つことができれば四天王のために寺塔を建てると祈願した」と皇族軍の苦戦の様子を記しています。

馬子は軍を立て直して進軍させました。迹見赤檮が大木に登っている守屋を射落とし、その子らを殺したことにより、大連の軍は忽ちのうちに敗れました。守屋の子息や眷属は葦原に逃げ隠れ、また姓を改め、名を変える者も

ありました。乱後、摂津に四天王寺が建立され、大連の奴の半分と宅とを分け、寺の奴・田荘としました。また守屋大連の難波宅を守っていた捕鳥部萬は大連の敗死を聞き茅渟の有真香邑へ逃亡しました。朝廷の衛士は萬を囲みましたが、萬は三十余人を殺し、刀で頸を刺して死んだと記されています。

以上が物部守屋滅亡をめぐる丁未の乱の歴史経過です。物部、蘇我の対立は一見崇仏と排仏をめぐる争いのように見えますが、実は皇位継承権をめぐる争いが微妙に絡んでいます。

塚口義信氏によると用明天皇の死後物部守屋は当初欽明天皇を父とする蘇我氏系の穴穂部皇子を中臣氏とともに擁立しようとし、推古天皇となる炊屋姫や蘇我馬子と対立します。この時期の皇位継承の有力候補として先帝の敏達天皇の息子の押坂彦人大兄皇子と竹田皇子がおり、蘇我氏は竹田皇子の擁立を謀っていたようです。押坂彦人大兄皇子の「大兄」は皇太子を意味していますが、今日的な意味合いでの皇太子よりはあいまいな存在であったようです。当初穴穂部皇子派であった守屋は後に竹田皇子派と対立関係にある押坂彦人大兄皇子側についていた可能性も指摘されています。

しかし、史実は穴穂部皇子が蘇我氏によって殺され、蘇我・物部の戦争が始まって物部守屋が敗死し、用明天皇の弟である崇峻天皇が即位するとともに竹田皇子は史上から姿を消し、推古天皇の即位により聖徳太子の時代が始まるのです。その背景には押坂彦人大兄皇子の即位を阻む蘇我氏の政治的計略があったと説明されています。

物部守屋の本拠は河内であり、日本の古代史上に名高いこの戦争も八尾市域を主戦場にして展開されたものと考えられています。

四　その後の物部氏

この乱により、物部守屋が所有していた土地は蘇我系王族である上宮王家に引き継がれたと考えられます。物部守屋の難波館には四天王寺が、渋川館には渋川寺が、竜田斑鳩地域には法隆寺が建立され、その後の飛鳥仏教文化の礎となっていきました。また、同じく物部氏が領有していた播磨などにも、鵤(いかるが)荘といった地名が残り、法隆寺などの荘園としてこれらの寺院を支え続けました。

さて、物部守屋は五八七年に滅亡したことは前述のとおりですが、物部氏の系譜を記した平安時代の『先代旧事本紀』の第五巻「天孫本紀」によると、もう一つの物部氏の本宗家系図が記されています。それは守屋の兄弟である大市御狩連から繋がる系譜で四代目の子孫が石上《いそのかみ》朝臣麻呂です。物部麻呂は壬申の乱の時は天智天皇の子である大友皇子の舎人として近江朝側に仕えていましたが、その後天武、持統天皇に仕え、奈良時代の初め、元明・元正朝に最高位の左大臣となった人物です。石上朝臣という姓を賜ったことからも石上神宮の祭祀と関わっていたことが想定できます。『先代旧事本紀』は、物部氏の系図を記し、石上朝臣麻呂こそが物部氏の正統であるという主張がなされています。また天武朝の時期に物部一族の復権が行われているのも事実です。例えば物部守屋の系譜を物部雄君連が継いでおり、河内で滅亡した物部氏の復興が図られています。

その背景には乙巳の変でそれらの子孫に当たる非蘇我系勢力が蘇我本宗家を打倒したことや蘇我系王族の上宮王家の滅亡、壬申の乱で近江朝についた蘇我赤兄や蘇我果安等の有力な蘇我氏一族の失脚により、天武朝で中臣氏とともに蘇我氏と対立していた物部氏が復権しています。壬申の乱を機に丁未の乱の敗者についての再評価がなされたのではないでしょうか。天武朝以後は物部氏と中臣氏が政権の中枢に就いています。

五　物部氏に関する遺跡

物部氏が勢力を張った河内の八尾市と大和の石上の周辺の天理市では、発掘調査により、ここに勢力をはった物部氏の実態の一部が分かるようになってきました。また高安古墳群や石上古墳群では横穴式石室を埋葬主体とする多くの古墳が残存していますが、どちらの地域も殆どの古墳が未調査のため内容が解明されていないので時期や基数、構造、内容等の実態は明らかではありません。しかし、現在発掘調査や実測調査がなされている一部の古墳や遺跡から、物部氏に関わる何らかの手掛かりが掴めないでしょうか。

1　物部氏の居館―天理市布留遺跡と八尾市矢作遺跡―

布留遺跡杣之内《そまのうち》（樋ノ下・ドウドウ）地区では石敷遺構及び五世紀の五間×三間の総柱大型掘立柱建物群二棟と幅一五メートル、深さ二メートルの大溝が確認されています。物部本宗家の居館を彷彿とさせる遺構群です。この大溝及び周辺からは須恵器や土師器など多数の土器とともに、鉄滓、ふいご羽口等の鍛冶関連の遺物や滑石製模造品、馬歯、馬骨が出土したといいます。大溝の発見は『日本書紀』履中四年記事の石上大溝との関わりが注目され、大型掘立柱建物群とともに物部氏の権力の大きさを垣間見ることができます。また杣之内アゼクラ地区では掘立柱建物を囲むと推定される葺石を持つ居館施設の一部が検出されています。群馬県三ツ寺遺跡や御所市極楽寺ヒビキ遺跡でも同様の葺石を持つ豪族居館が検出されています。

矢作遺跡の大型掘立柱建物群

さてこれまで行われている河内平野の発掘調査でも天理市布留遺跡の杣之内（樋ノ下・ドウドウ）地区の五世紀の大型掘立柱建物群と対比できる遺構が検出されています。昭和六一年に八尾市の南本町六丁目の矢作《やはぎ》神社のすぐ北側で発見した六世紀の巨大な掘立柱建物です。この建物は直径三〇センチメートル以上の柱を持つ総柱の高床式建築物で、三間×五間の規模を持つ建物と二間×三間の規模を持つ建物が連なっており、その外側に濠と思われる三重の溝を検出しました。まさしく豪族居館と呼ぶべきもので、ＴＫ43乃至《ないし》ＴＫ209型式の須恵器が溝より出土しています。まさしく六世紀末、即ち丁未の乱の時期に該当する五八七年前後の実年代が想定される遺物です。矢作という地名は弓削と関わりが深く、その関係からこの建物群は物部守屋に関する遺構であると考えています。矢作連は『新撰姓氏録』によると布都奴志乃命之後也とあり、物部系の氏族と推定できます。『続日本紀』に矢作造辛国といった人名が見られます。五八七年の戦乱で守屋大連の一族のうち姓を改め、名を変える者も

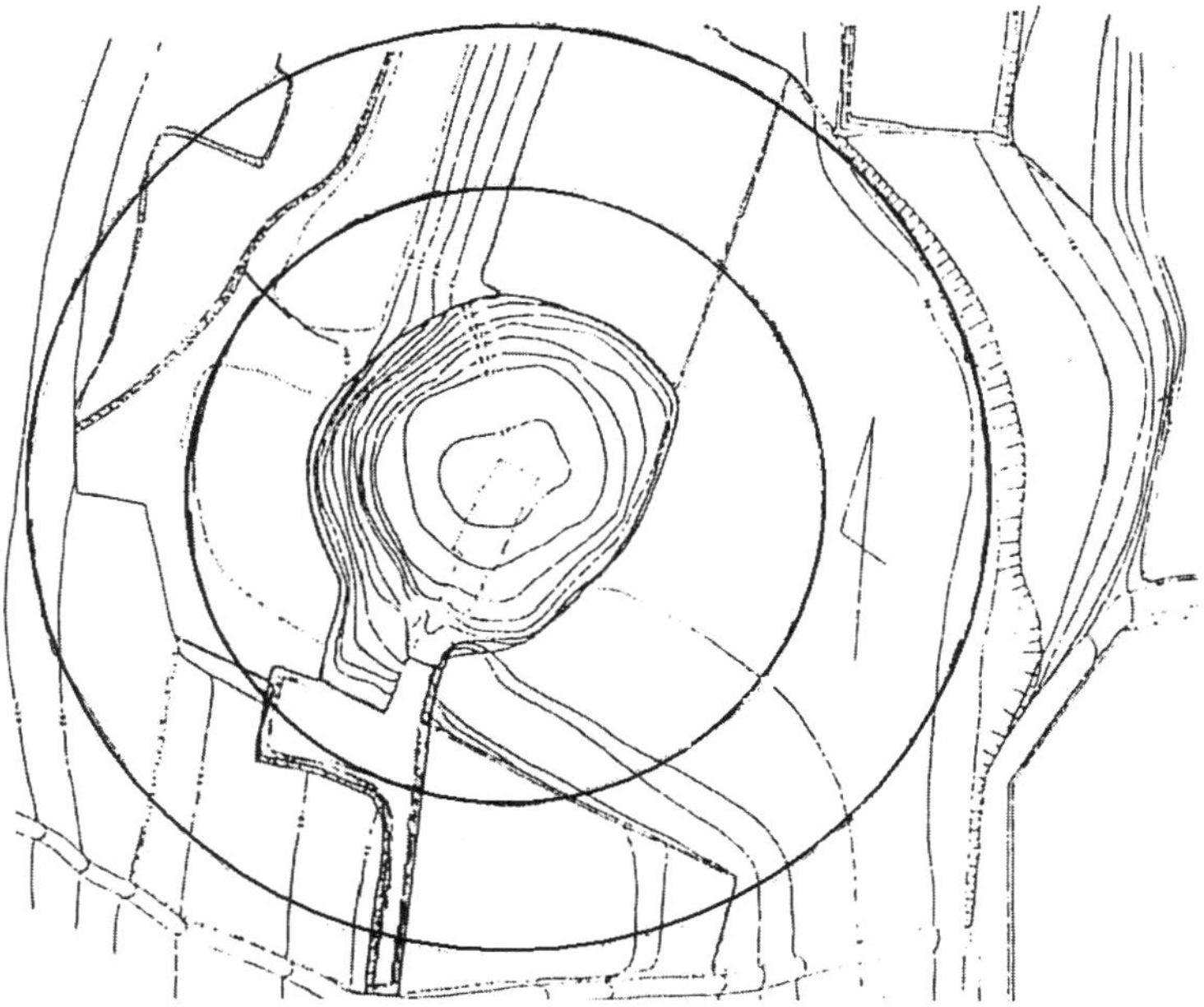

図１　河内愛宕塚古墳墳丘想定図
（大阪府教育委員会『八尾市高安群集墳の調査第２次1968』より作成）

あったという記載から守屋の後裔が矢作連を名乗る可能性は否定できません。また八尾市立埋蔵文化財調査センターのＨＰによると近年旧渋川郡の八尾市南久宝寺周辺では六世紀の掘立柱建物の遺構の発見が相次いでいるといいます。

守屋の本拠地としては、渋川家とか阿都別業、難波宅といった居館と思われる名称が登場します。また稲城を築いて戦ったとあり、これらがそういった物部氏の居館や軍事施設のいずれかに該当するものがあるかも知れません。

2　河内愛宕塚古墳と天理塚穴山古墳

河内愛宕塚《あたごづか》古墳は地形測量図や周りの地形から直径四〇メートル以上の大円墳であると考えています。

この愛宕塚古墳の石室は、巨石横穴式石室として知られ、類例の少ない横穴式石室です。即ち玄室壁が原則として巨石の二段積で構成され、大型横穴式石室であるにもかかわらず少ない巨石の石材でもって構築されている点は七世紀代の石舞台式と呼ばれる石室と類似していますが、出土した遺物や須恵器は明らかに六世紀代に特徴的な出土品ばかりです。子持ち剣菱形杏葉をはじめとする馬具類や捩じり環頭太刀、六世紀中頃以前（ＭＴ15～ＴＫ10型式）段階の須恵器（一群）と六世紀後半（ＴＫ43～ＭＴ85型式）段階の須恵器群（二群）はまさしくこの古墳が六世紀中葉から後半に築かれたことを示しています。

近年、欽明天皇の真陵とされる五条野丸山古墳の巨石横穴式石室の存在が明らかとなり、ようやく六世紀の巨石古墳が注目を浴びるようになりました。私はこのような石室を愛宕塚式と呼称しています。

河内愛宕塚古墳の石棺には播磨の石材を用いた棺と二上山の石材を用いた棺の二種類が確認されています。この石棺材の組み合わせは五条野丸山古墳の石室の石棺と共通するものであるといえます。私は河内愛宕塚古墳が大和の石上より河内に進出した物部本宗家の人物を葬った古墳であることを確信しています。したがってこの古墳の被葬者は歴史上の人物だと考えます。物部守屋は敗死するのでこの古墳に埋葬されることはありえません。おそらくその父である物部尾輿の墓ではないかと思います。その理由はこの古墳と同一プラン、同一規格の巨石横穴式石室をもつ古墳がもう一基、天理市の杣内古墳群に存在するからです。天理塚穴山古墳と河内愛宕塚古墳は石室の長さ、幅、想定される高さが同形同大であり、同じ規格のもとに設計されたといっても過言ではありません。この古墳と河内愛宕塚古墳の玄室長は七・〇メートル、幅は三メートル前後であり、玄室の高さも四メートルと推定されています。両古墳の平面と立面を重ねるとぴったり一致するのです。天理塚穴山古墳の周濠からは六世紀後半の須恵器が多量に出土しており、今まで七世紀の石舞台式とされてきましたが、明らかに一世代遡る古墳です。物部麻

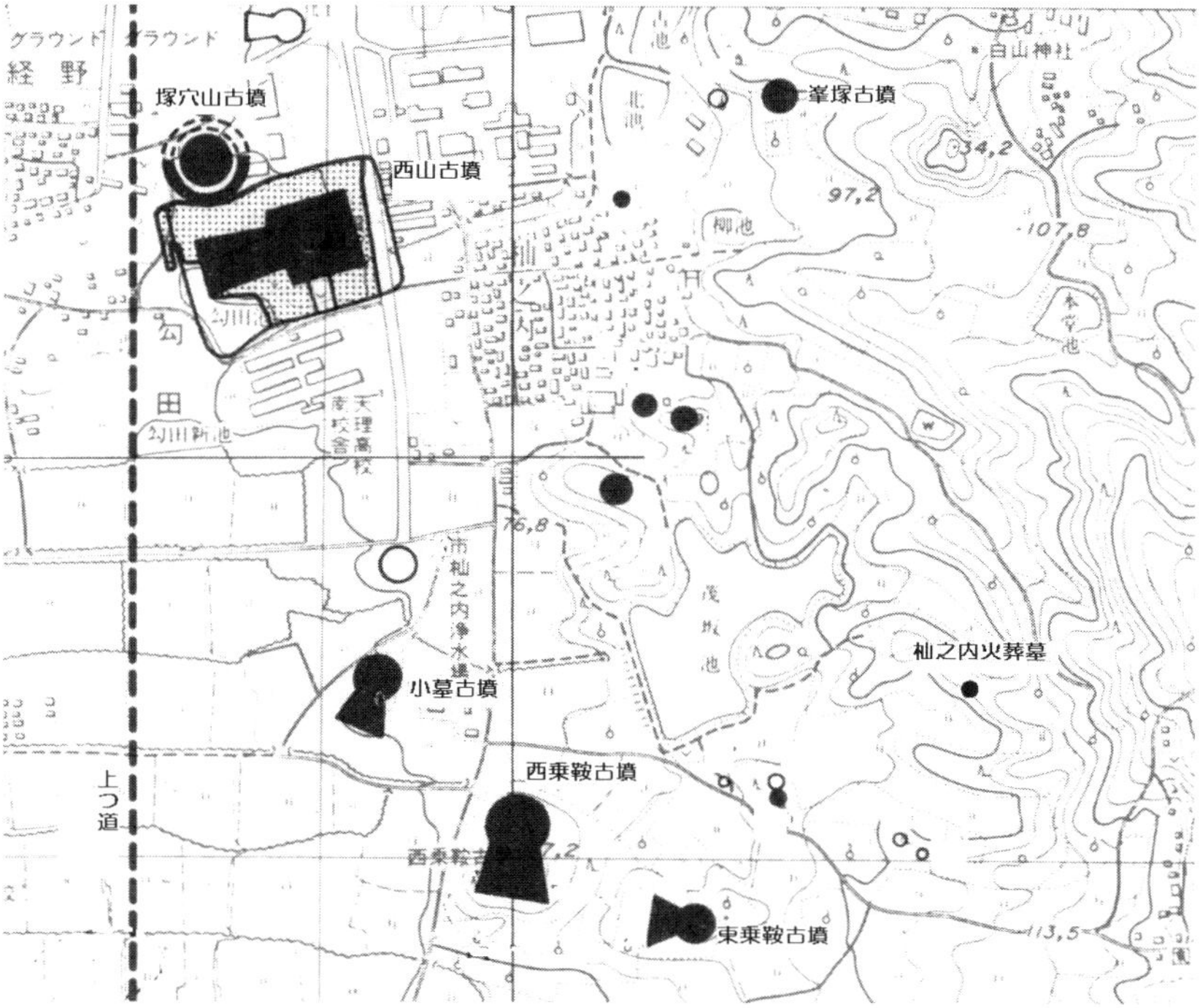

図2　天理市杣之内古墳群

呂に繋がる杣内に所在することや物部尾輿の墓である愛宕塚古墳との築造の類似性から、この古墳の被葬者は尾輿の子で、もうひとつの物部本宗家の祖である物部大市御狩連の墓ではないかと考えています。特に天理塚穴山古墳が直径六〇メートルの円墳であることは、この時代においては最大級の墳墓でしょう。墳丘規模に於いて蘇我馬子の桃原墓とされる石舞台古墳を凌駕する規模であり、物部本宗家の墓とするのに相応しいのです。

さらに高松塚古墳の被葬者は石上麻呂という説がありますが、杣内火葬墓からは高松塚古墳と同様に唐代の海獣葡萄鏡が副葬されています。この墳墓被葬者は麻呂の孫である石上宅嗣という説が有力です。そうすると、守屋の兄弟である大市御狩連に始まるもう一つの物部氏本宗家首長系譜の奥津城は杣内古墳群であると考えられます。

天理塚穴山古墳↓峰塚古墳↓(高松塚古墳)↓杣之内火葬墓と石上物部氏の首長系譜の墳墓の分布が物部守屋滅亡後も天理市杣之内周辺に連綿と続いていることが見てとれるからです。

3　高安古墳群と石上豊田古墳群

八尾市高安古墳群は高安山西麓に現在二〇〇基余りの古墳が分布しています。六世紀前半に全長五〇メートル級の前方後円墳である郡川東塚古墳、郡川西塚古墳の二前方後円墳の築造とともに服部川、山畑《やまたけ》、郡川《こおりがわ》の段丘上方で古墳群の造営が開始されます。古墳造営のピークはやはり、古墳時代後期の六世紀後半とされ、物部氏の最盛期と重なります。この時期物部氏の本宗である尾輿、守屋の本拠は石上から河内に移っていたと考えられます。そしてその最盛期である六世紀半ば以後に高安古墳群の北方に河内愛宕塚古墳が物部本宗家の墳墓として造営されます。

高安古墳群で発掘調査された古墳は僅かで、その実態は明らかになっていませんが、金銅装や銀象眼をもつ装飾刀剣が出土している古墳が数基確認されたことや、二上山凝灰岩製や播磨凝灰岩製の組合せ式石棺が使用されている古墳が多く確認されることから、河内の有力な小豪族によってこの古墳群が形成されていることは疑う余地はありません。楽音寺大石塚古墳では馬具のセットや装飾器台も出土しています。また、支群毎にその首長となるような大型の両袖式石室を有する古墳が築かれており、階層的なまとまりが各支群に認められる特質を持っています。

なお教興寺・垣内古墳群では六世紀後半~七世紀第3四半期まで継続的に造営された古墳群も確認されており、

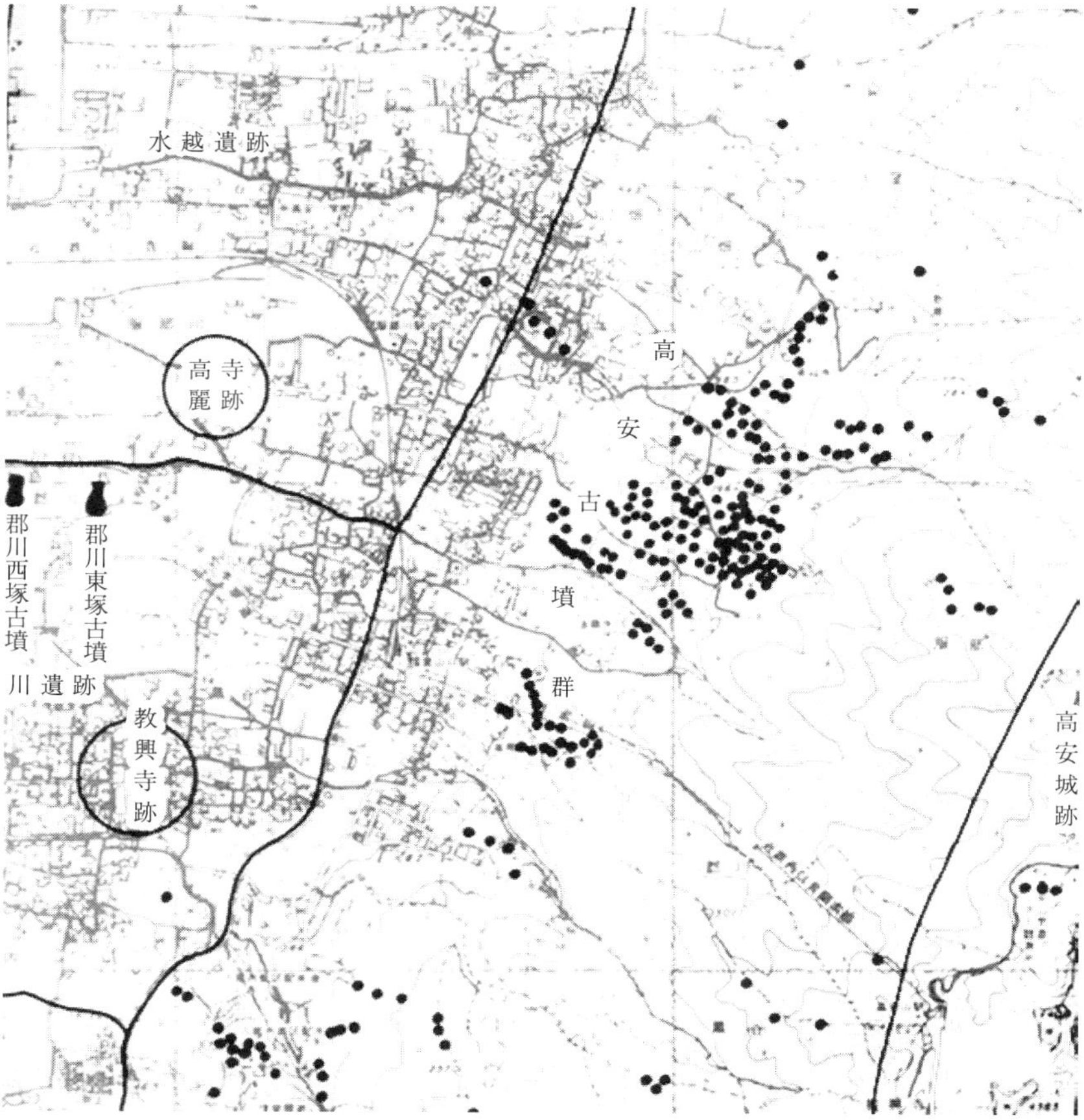

図３　高安古墳群の分布（八尾市教育委員会『八尾市埋蔵文化財分布図』1991版より）

高安山山頂にも七世紀中葉の終末期の古墳が構築され、山畑支群では七世紀の刳り抜き式家形石棺や陶棺が確認されています。また郡川支群に於いても七世紀の小石室が六世紀の古墳に連接して検出されています。

　したがってこの古墳群の被葬者は物部氏そのものというより、六世紀になって物部氏の支配に組み入れられた「新撰姓氏録」に見える美努連、積組連、来栖連、掃守連、坂合部連、服部連、秦忌寸、鴨君、高安造、刑部

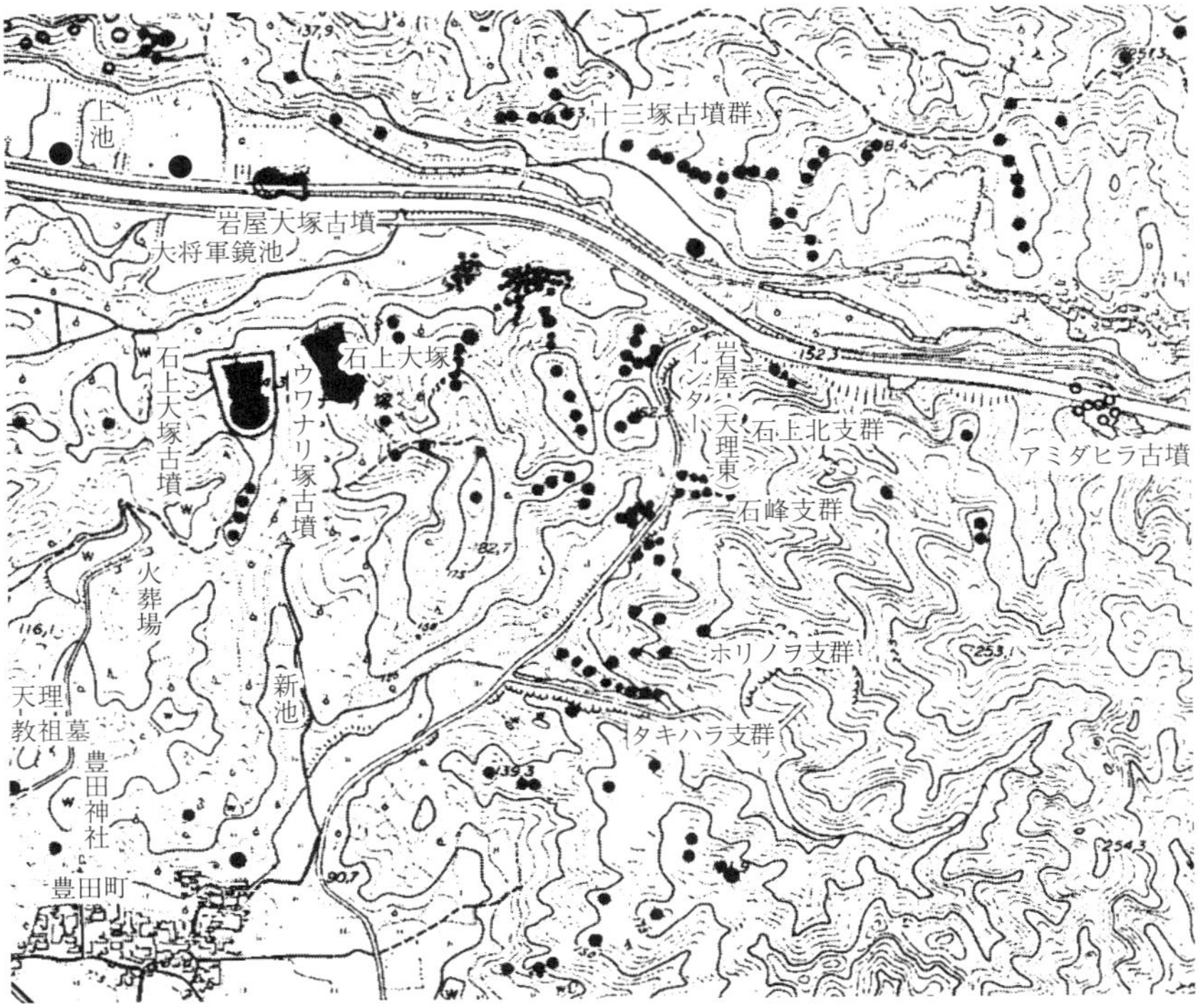

図４　石上古墳群の分布（奈良県教育委員会『奈良県遺跡地図』1971より）

造、呉服連、大狛連、百済宿禰といった河内小豪族の墳墓として位置づけるのがよいと考えます。何故なら、彼らの多くは物部氏滅亡後も上宮王家に引き継がれ、古墳時代終末期まで生き延びたとみられるからです。

　一方奈良県天理市石上町・別所町・豊田町一帯の布留川と高瀬川に挟まれた平尾山、豊田山と呼ばれる丘陵一帯に所在する古墳群では別所大塚古墳、石上大塚古墳、ウワナリ古墳という六世紀に築かれた全長一〇〇メートルを超える三基の横穴式石室を有する大型前方後円墳を中心として周囲に二〇〇基余りの群集墳が確認されています。これらのうちホリノヲ支群、タキハラ支群、石峯北支群、石上支群が調査されています。またその中には、岩屋古墳や別所鑵子塚等の中小の前方後円墳も所在しています。

石室は、物部氏の全盛期であるＴＫ43型式の段階に造営された全長三メートル～四メートル、幅一・五～二メートルの縦長の玄室を持つ横穴式石室を中心に確認されていますが、ＴＫ217型式の時期まで造営が継続していることも明らかとなっています。

ホリノヲ支群の横穴式石室からは、六世紀後半の片袖式横穴式石室から剣菱形杏葉(一号墳)や心葉形杏葉(四号墳)などの豪華な金銅製の馬具や水晶製の切子玉、琥珀製棗玉、管玉、ガラス玉等の玉類、刀剣や鏃等の武器類が多く出土し、物部氏の軍団や祭祀者としての性格の一端が窺えます。タキハラ支群でも六世紀後半の三号墳の片袖式横穴式石室からは馬具、武具が出土していますが、七世紀代の方形プランを持つ石室からは切石の磚を敷いた終末期の古墳も確認されています。したがって、これらの古墳群は大型前方後円墳群の築造が終わって以降、ハミ塚古墳の築造前後に集中的にここに造営された群集墳であると考えられます。したがってこれらの古墳は物部氏直属の軍団的性格をもつ古墳群でしょう。

まとめ

天理市の古墳には石上大塚古墳、ウワナリ古墳やハミ塚古墳といった首長系譜の古墳が北部の石上古墳群に、西乗鞍古墳、東乗鞍古墳、天理塚穴山古墳、峰塚古墳といったもう一つの首長系譜の古墳が南部の杣之内古墳群に連綿と築かれており、六世紀から七世紀の巨石古墳が連続的に築造されています。石上神宮の存在を考えればここにこそ巨大豪族物部氏の奥津城があったといえます。物部氏の領域内の後期古墳に巨石古墳の系譜が存在するという

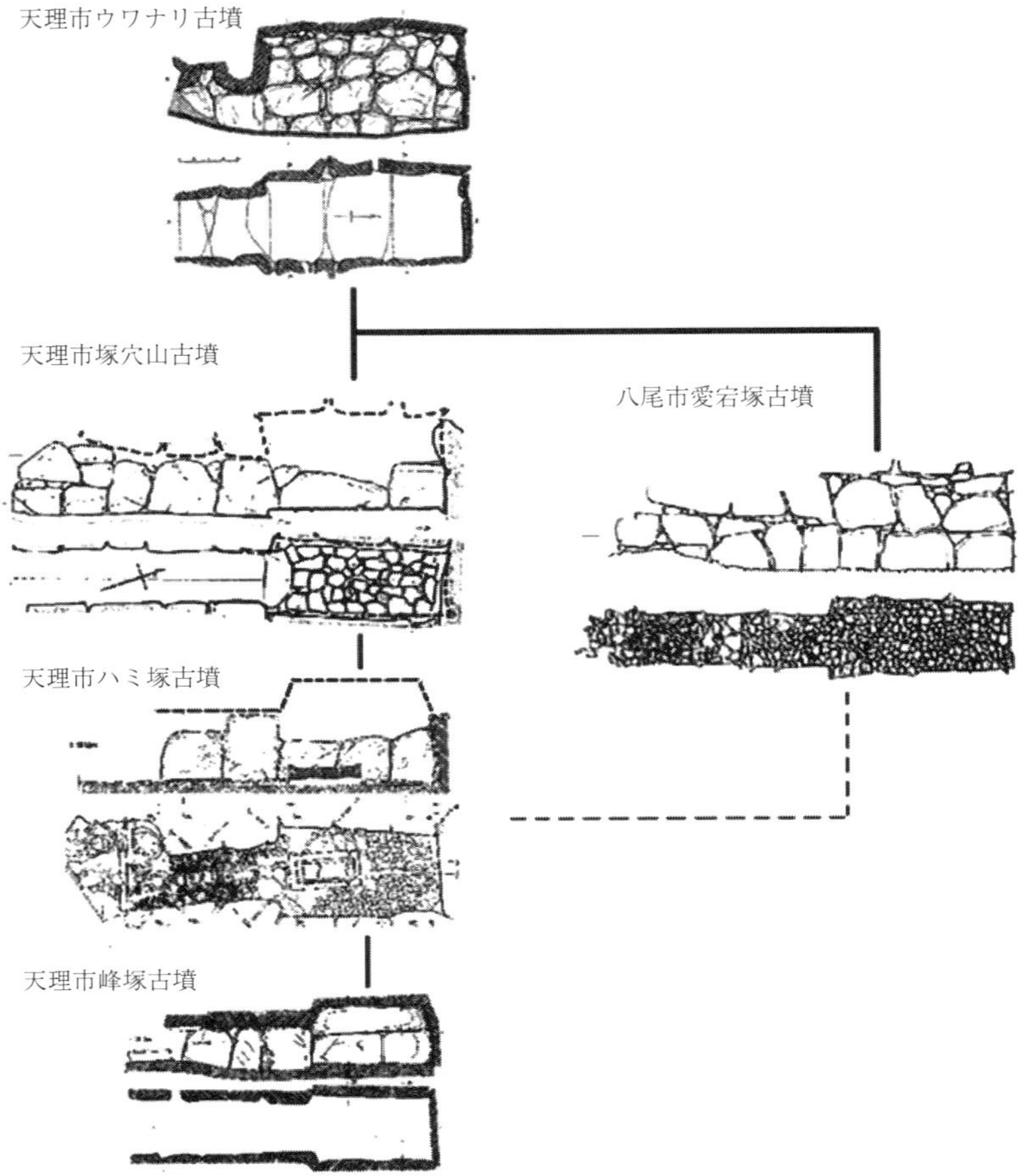

図5　物部本宗家首長系譜の横穴式石室の変遷

事実は物部氏が巨石横穴式石室の古墳を造る技術をもった集団であったことを雄弁に物語っています。一方河内の高安古墳群では六世紀末になると大型の古墳の築造はほとんど停止されてしまうのです。

『先代旧事本紀』の「天孫本紀」に記された石上麻呂の系譜を信じれば、その系譜ごと天理市杣之内古墳群のそれぞれの古墳に当てはまるのではないかと考えました。因みに石上麻呂が没した霊亀三年（七一七）は時代的にも高松塚古墳の年代に近く、その被葬者の候補の一人に彼があげられています。天理市杣之内には高松塚古墳に副葬されていた海獣葡萄鏡と同様の鏡を副葬する奈良時代の火葬墓が発見されており、高松塚古墳の被葬者と関係が深い人物の墓であることが推定されます。

一方中河内の愛宕塚古墳はまさしく天理市に存在する物部系の巨石横穴式石室そのものです。この古墳以外に河内に物部系の巨石横穴式石室は存在しないといってよいのです。つまり愛宕塚古墳は物部本宗家の河内進出を示す遺構であり、それを築いたのは物部弓削守屋であることは疑う余地はありません。そこに埋葬されているのは当然物部本宗家の人物であることが想定されることから、その中で守屋にとって最も重要な人物となることを考えるとその父物部尾輿である可能性を検討しました。

次に物部守屋が死亡した五八七年は飛鳥時代の始まりの年であり、歴史の経過からみて守屋の墓が営まれたとしても巨大古墳を築く力は河内には残っていなかったでしょう。そこで守屋の墓として三つの可能性を示しておきたいと思います。仮に守屋の古墳が営まれたとすると終末期に近い時期が考えられます。

一つ目は愛宕塚古墳の技術系譜の延長にある天理市ハミ塚古墳のような石室が考えられます。どちらも玄室の一段目の石材は奥壁一石、両側壁三石を縦に並べて築造しているところが技術的な共通点です。この古墳は全長一二メートルの巨石の加工石を用いた横穴式石室を有する一辺四五メートル前後の方墳であり、ＴＫ209型式の須恵器が

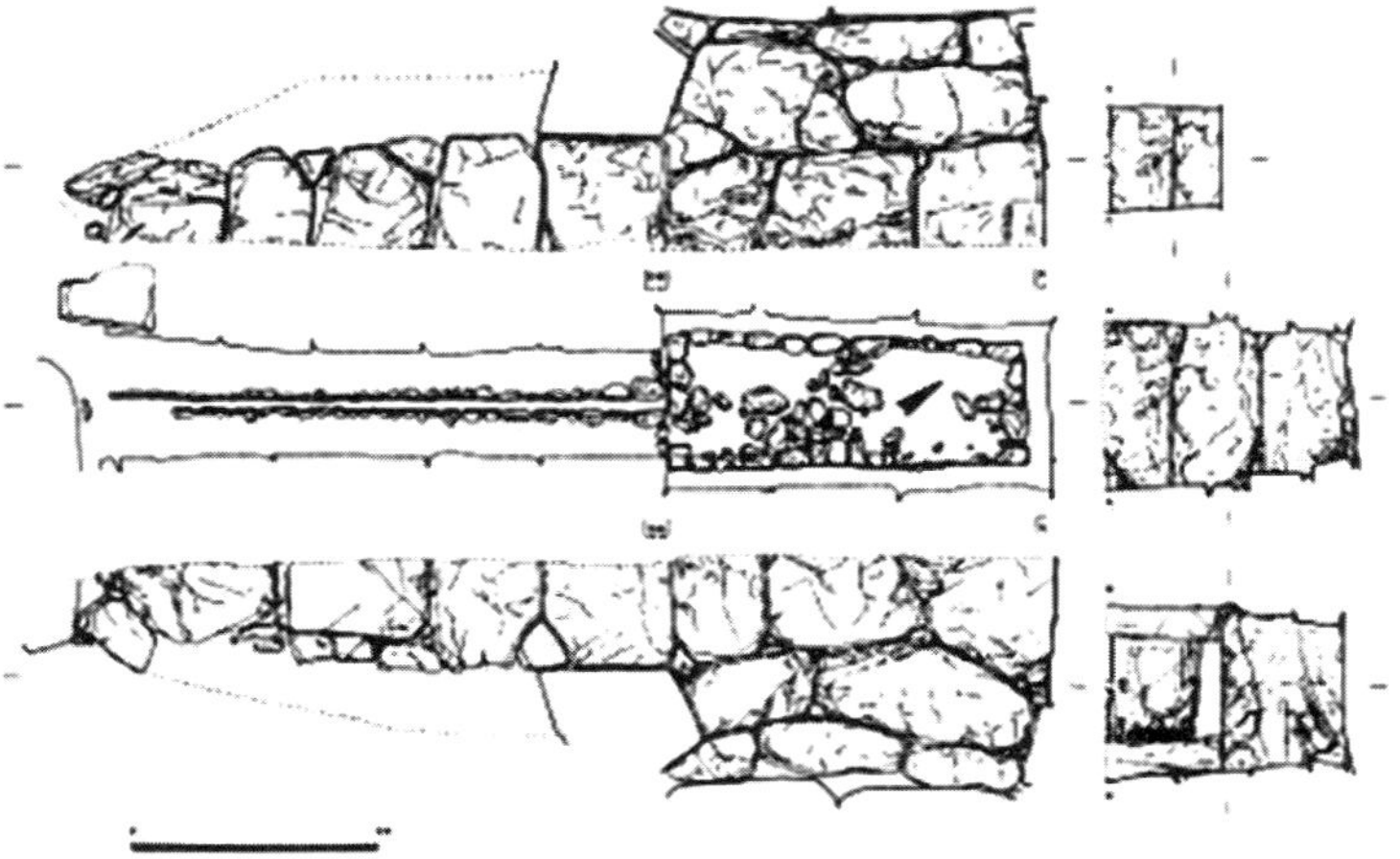

図６　石舞台古墳の横穴式石室
（西光慎治「王陵の地域史研究」『明日香村文化財調査研究紀要６』2007より）

出土することからこの古墳が六世紀末に築造されたことを示しています。この古墳からは意図的に細かく破砕された須恵器や石棺、金属製品が出土しているのです。この状況は何を物語るのでしょうか。

二つ目は愛宕塚古墳に追葬された可能性で、新しい様相の二群の土器の年代は守屋が戦死した時期にきわめて近いのです。播磨の高室の凝灰岩を石棺に用いていることも『播磨国風土記』に弓削大連が登場することと関係するかも知れません。

三つ目はハミ塚古墳同様ＴＫ209型式の時期に築造された八尾市の神立芝塚古墳に埋葬された可能性です。立地としては愛宕塚古墳に最も近い場所に営まれた巨石墳です。守屋以後の河内の物部氏は、古墳を築造する力もなく、同じ石室内に三基の石棺が埋納されています。初葬の棺は播磨の高室の凝灰岩を用いている点は愛宕塚古墳と共通点があり、愛宕塚古墳の系譜を継ぐ古墳である可能性があります。

物部守屋滅亡以後物部氏が持っていた大型石室を構築する技術は丁未の乱の勝利者である蘇我氏にも受け継がれると考えています。飛鳥石舞台古墳こそそれを象徴する古墳でしょう。この古墳と蘇我稲目の墓とされる都塚古墳との石室構築技術の差は大きいのです。全長一九メートルの巨石横穴式石室は、愛宕塚古墳や天理塚穴山古墳の築造技術を受け継いだものであり、丁未の乱の勝利者蘇我馬子の桃原墓に相応しい古墳ではないかと考えています。そして石舞台古墳に始まる巨石を用いた大型横穴式石室の構築技術が打上塚古墳や聖徳太子墓等の巨石を用いた岩屋山式の終末期古墳に影響を与えていると考えているのです。物部氏から蘇我氏への技術移転に当たっては当時蘇我氏の側にあって物部氏の遺産を継承できた人物、即ち蘇我馬子の妻である守屋の妹の存在が注目できます。

私がはじめて物部氏の遺跡に接したのは今から四〇年前の学生時代に橿原考古学研究所で石上豊田古墳群の報告書作成の整理補助をした時でした。あれから八尾市で高安古墳群や矢作遺跡、愛宕塚古墳等物部氏関連の遺跡を調査した中で以上の私見を持つにいたりました。今回発表の機会を与えて下さった大阪経済法科大学と前田晴人先生に感謝いたします。

［参照文献］

泉森皎・堀田啓一　（一九七五）『天理市石上・豊田古墳群Ⅰ』奈良県教育委員会
置田雅昭他　（一九八三）『奈良県天理市杣之内火葬墓』杣之内グランド用地調査報告書　埋蔵文化財天理教調査団
奥田尚・米田敏幸　（一九九七）「愛宕塚古墳の石棺の復元」『研究紀要』第8号　八尾市立歴史民俗資料館
加藤謙吉　（二〇一四）「古代史から見た葛城氏の実態」『大和王権と葛城氏』大阪府立近つ飛鳥博物館図録
河上邦彦　（一九七六）『天理市石上・豊田古墳群Ⅱ』奈良県立橿原考古学研究所
志田諄一　（一九七一）『古代氏族の性格と伝承』雄山閣
白石太一郎　（二〇〇五）『終末期古墳と古代国家』吉川弘文館

高萩千秋（一九九三）『芝塚古墳』㈶八尾市・文化財調査研究所
竹谷俊夫（一九八九）「塚穴山古墳発掘中間報告」『天理参考館報』第3号
土橋理子他（二〇〇三）『天理市ハミ塚古墳発掘調査報告書』奈良県立橿原考古学研究所
塚口義信（一九九三）「推古天皇─女帝誕生の謎─」『ヤマト王権の謎をとく』学生社
遠山美都男（二〇〇六）『蘇我氏四代』ミネルヴァ書房
畑井弘（一九九八）『物部氏の伝承』三一書房
花田勝弘（二〇〇八）「高安千塚の基礎的研究」『八尾市文化財紀要13』八尾市教育委員会
黛　弘道（一九九五）「物部・蘇我氏と古代王権」吉川弘文館
八尾市教育委員会編（一九八二）『八尾市内遺跡昭和六一年度発掘調査報告書Ⅱ』
八尾市教育委員会編（二〇一二）『高安千塚古墳群基礎調査報告書』
安井良三他（一九九六）『河内愛宕塚古墳の研究』八尾市立歴史民俗資料館
横穴式石室研究会編『近畿の横穴式石室』（二〇〇七）
拙稿（一九九六）「河内愛宕塚古墳と天理市塚穴山古墳」『研究紀要』第7号　八尾市立歴史民俗資料館
拙稿（一九九六）「後期巨石横穴式石室墳の再検討」古代学研究180号
拙稿（二〇〇八）「物部守屋～物部氏の系譜と愛宕塚古墳」『河内どんこう』第85号　やお文化協会
拙稿（二〇一一）「八尾の終末期古墳」『河内どんこう』第94号　やお文化協会

高安城と古代山城

―国防策の推移とともに―

棚橋利光

大阪経済法科大学で毎年春に行われている「河内学」の公開講座で、「高安城と古代山城」の題で、講義をしています。私は市民グループ「高安城を探る会」の会長をしていましたので、昭和五一年の会の発足から昭和五三年の高安城倉庫跡礎石の発見に至るまでの経過をお話ししました。また高安城が築城される契機となった古代の唐帝国や朝鮮三国などの七世紀の東アジアの国際情勢をお話ししたこともあります。昨年は高安城の倉庫跡の発掘結果からみた古代山城全般の倉庫跡建物の建設時期などをお話ししました。今年は白村江の敗戦以後の古代日本（倭国）での対外的な国防の諸策の推移の中で、高安城を含めて古代山城がどのように築造され、また機能していたかなどを考えて、お話ししてみたいと思います。

一　天智天皇時代

唐・新羅が連合して百済を滅ぼした翌年、西暦六六一年、斉明天皇や中大兄皇子らは大挙して九州の筑紫まで行きました。天皇は朝倉宮で急に崩御され、中大兄皇子が跡を継ぎ、百済救援の大軍を送りましたが、天智二年（六六三）八月の白村江の戦いで、倭国軍船は唐の軍船に大敗して、百済遺臣軍や百済の人々とともに帰国する有様でした。

翌天智三年（六六四）五月は、唐の百済鎮将劉仁願は郭務悰を遣わし、表函、献物を進めてきました。どのような書簡が来たのかわかりませんが、『善隣国宝記』の引く海外国記には、唐の天子の書、天子の使いでもないと返事を引き延ばし、結局、天皇の名ではなく、「鎮西将軍日本鎮西筑紫大将軍牒」の名目で返書を認めたと伝えています。百済滅亡時、唐は百済に熊津《ゆうしん》《くまなり》都督府を置き、新羅にも新羅王を鶏林《けいりん》大都督、新羅国を鶏林大都督府としていたので、私は倭国にも「筑紫都督府」とすることを迫ったと考えます。

六六五年、唐は熊津都督扶余隆と新羅王文武王との間に盟約を結ばせ、その席に耽羅（済州島）と倭国の使者を同席させたといいます。その後、一行は唐本国に行き泰山でも盟約しました。その倭国の使者である境部連石積らを六六七年に百済鎮将劉仁願は「筑紫都督府」まで送ってきたと『日本書紀』は書いています。唐は筑紫の大宰府を筑紫都督府といっていたのです。倭国がどうであれ、唐は属国的な扱いをしていたとみるべきでしょう。[1]

この天智天皇の三年（六六四）、対馬嶋、壱岐嶋、筑紫国等に防人と烽を置き、また筑紫に於いて大堤を築き、水を貯えさせて、名付けて水城と云ったと『書紀』は書いています。翌天智四年（六六五）八月には、達率答炑春初を遣わして、長門国に築城、達率憶禮福留・達率四比福夫を筑紫国に遣わし、大野及び椽《き》二城を築くとあります。

白村江の敗戦のすぐ翌年ですので、唐の侵攻に備え、対馬、壱岐、筑紫に防人と烽を置き、非常事態に備えたのでしょう。そのあと、今度は百済から亡命し、兵法に詳しい武官と思われる三人を長門、筑紫に派遣して築城に当ってもらったといえます。倭国では、これまで山城を築城することはありませんでした。それに対して朝鮮三国は三国間の戦い、また隋・唐などとの戦争で山城を構築することは普通でした。今、百済が滅亡し、大人数の唐軍は旧百済領に進駐している状況下、百済と同盟していた倭国を攻めるという事態は十分考えられました。その緊急事態に備えるため、亡命百済人に協力してもらい、朝鮮式の山城を築城し国防策を実行しようとしたのでした。

それから二年後、天智六年（六六七）一一月になって、倭国高安城、讃岐国山田郡屋島城、対馬国金田城を築くことになります。これは事態が一層緊迫してきたことを表します。長門の一城、筑紫の二城では国防に不安が出てきたのです。百済滅亡後、唐の本当の狙いである高句麗討伐が迫ってきました。

高句麗が滅亡すれば、次は倭国（日本）を攻めると唐国内で囁かれる時代になってきたのです。唐軍が来寇するとなれば、対馬・壱岐、筑紫だけでの山城や防人では不安ですので、対馬の城や筑紫で防御できなければ、瀬戸内を通って、倭国（大和）の中心にまで侵攻される事態が考えられます。この国防策が高安城、屋島城、対馬金田城の築城となったと考えられます。天智七年（六六八）一〇月には高句麗の滅亡が現実となりました。次は倭国への侵攻が考えられる時代です。

天智天皇は八年（六六九）八月、天皇自ら高安嶺に登り、城を修めん（築城）としましたが、民の疲れをあわれんで中止し、冬に高安城を修めて畿内の田税を収めました。翌天智九年（六七〇）二月にもまた高安城を修めて、穀と塩を積みました。二冬連続で城内の倉庫に穀（籾）と塩を運び込んだのです。まだ緊急事態ではないので、とりあえず貯蔵し、緊急事態に備えたと思いますが、倉庫何棟分ぐらいを建造したのか、その記載はありません。

この時期、現実の侵攻はないので、城を守る将軍の任命はありません。それで各山城には城を管理する兵、何十人かが詰めたと思うのですが、天智天皇の死後起こった壬申の乱では、大海人皇子側が、近江軍が高安城にいると聞き、登りました。その時、近江軍は税倉を悉く焚いて皆散り逃げました。戦闘要員がいたのではなく、城の維持要員が配属されていたということでしょう。二百年も後の数字ですが、貞観一八年（八七六）、大野城の衛卒は四〇人いたとの記録があります（類聚三代格）。

天智一〇年（六七一）一月、百済鎮将劉仁願は使者を送ってきました。一〇月に唐国使人郭務悰ら二千人が船四七隻に乗って来嶋したと対馬国司から筑紫大宰府に連絡がありました。この年、唐は旧百済領への勢力拡大を狙う新羅への軍事行動を開始、唐と新羅との戦争が始まりました。これは新羅の三韓統一への動きの始まりです。この新羅との戦争に倭国の参戦を要求する使者だといわれています。筑紫都督府になっている倭国は、これをあからさまに拒絶できませんので、対応に苦慮したと思われます。また新羅は、すでにこのことを見越して、天智七年（六六

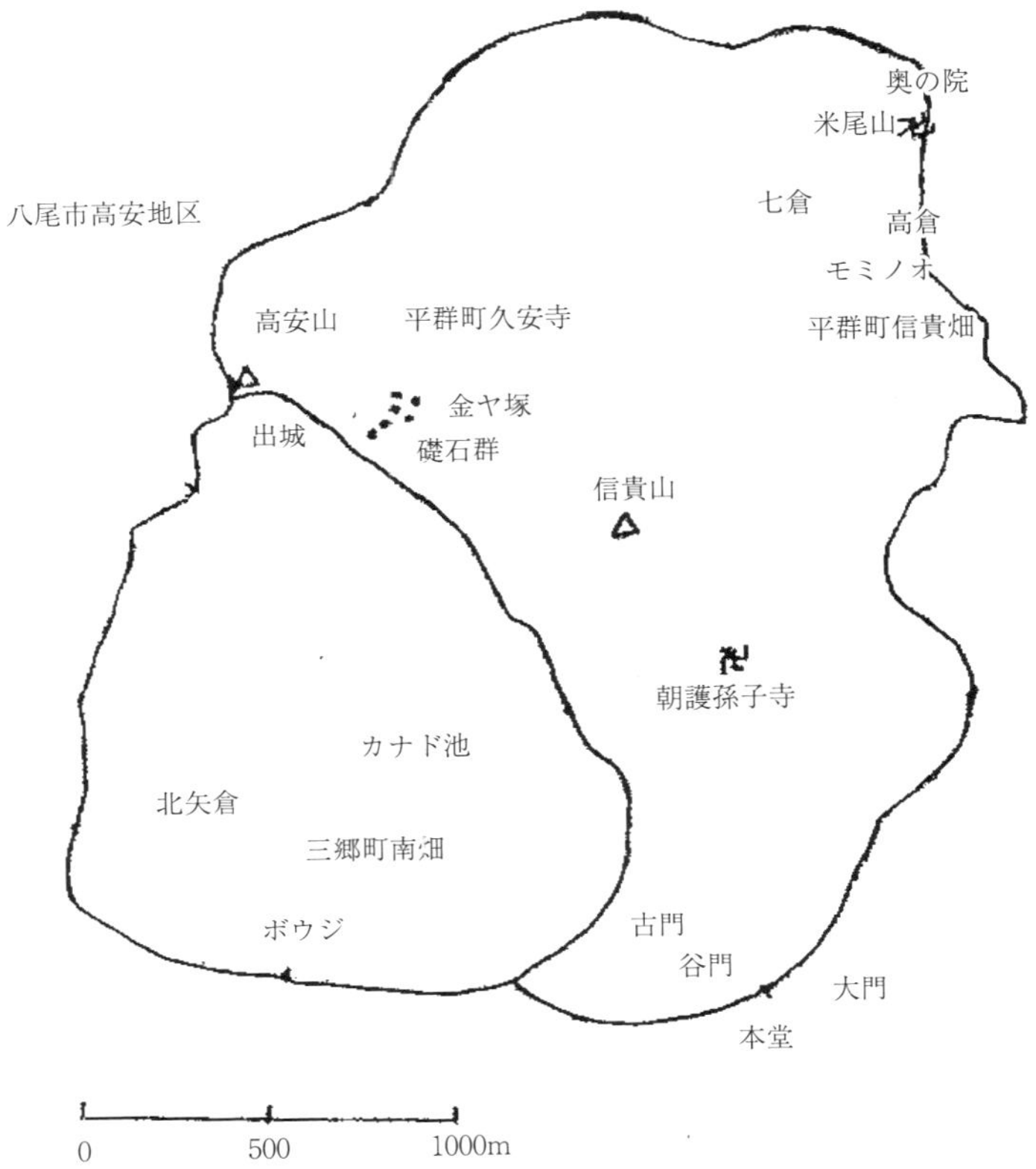

図　高安城の地名と推定城域線

左下の小円は関野貞説「天智天皇の高安城」『奈良県史蹟報告』五、大正７年、小円を含む大円は樽松静江、高安城を探る会岩永憲一郎他の説八）、百済滅亡後一〇余年ぶりに調を進める使者を送ってきて、倭国との親交を回復しています。それでも新羅への戦争協力は出来る筈がなく、一二月天皇が崩御されたのを理由に甲冑弓矢などの大量の賜物を出して、ひとまず帰ってもらったのでした。旧百済領と高句麗領にいる唐軍と新羅との戦争が今後の倭国の国防に大きく影響してきます。

二　天武・持統朝から文武時代へ

天智天皇時代、国防策は天皇自ら率先して実行したと思いますが、筑紫での現地指揮は、いわゆる筑紫大宰府が中心でした。天皇の命令を受けて動く現地の出先機関と高官（筑紫率、筑紫大宰）の居る場所です。白村江の敗戦以前は博多湾の沿岸部にありましたが、敗戦以後は内陸部に入ったところに幅広く長い水濠を造り、内部に高い土塁を延々と築いて水城を築き、この水城と大野城、基肄《きい》城、それに小水城を結んで外敵に備えました。天武即位前、壬申の乱の時の筑紫率であった栗隈王は、「筑紫国は元より辺賊之難を戍《まも》るなり、その城を峻《たか》くし、隍《みぞ》を深くして、海に臨みて守らすは、豈に内賊のためならんや」といっています。

筑紫大宰府では初め筑紫大将軍というように、戦時の将軍がそのまま指揮をとっていたのかもしれません。天智七年には栗隈王が、天智八年には蘇我赤兄が筑紫率となり、天智一〇年、赤兄が左大臣になると、栗隈王になり、天武時代に入ります。天武四年に栗隈王が兵政長官となると、諸王四位の屋垣王がなるというように大和政権の中枢にいる諸王や高位高官の人物が任命されていて、筑紫大宰府の役割を天皇が重要視していたことが窺えます。

天武天皇は天武四年（六七五）二月に高安城に行幸、これは国防の重要性を官人や国の民に知らせる意図があると考えます。天皇の国防意識の高さを示します。八年（六七九）には初めて関を龍田山・大坂山に置き、難波に羅城を築きます。大和の入り口を守り、大和の直接の玄関口であり、副都を置く難波を守る意思を示しています。

唐と新羅の戦争は六七〇年代が一番激しくなりますが、この情報が倭国に入っていたのかどうか、問題です。日本書紀には新羅情報の記述がありません。百済滅亡時には百済の資料などが多く引用されたのですが、それは皆無です。毎年のように新羅使は来ますが、機密情報のため伝達されなかったのでしょう。

持統天皇も三年に自ら高安城へ行幸、国防意識の高さが表れています。しかし、次の文武天皇には行幸の記事がありません。代わりに山城の修理の記事が多くなります。

この天武・持統・文武天皇時代で注目される『書紀』『続日本紀』（続紀）の記事は、筑紫大宰のほか、吉備大宰（吉備総領）、周芳総令所（周防総領）、伊予総領の任命記事などが見られることです。吉備総領は播磨国を、伊予総領は讃岐国をも総領しているなど、広域的な権限が注目されます。従来、これは律令の国司制度成立に関わって研究されてきましたが、国防の面から考えることも必要です。天武一四年には周芳総令所に儲用鉄一万斤等、筑紫大宰に儲用物の鉄一万斤、箭竹二千連等を送下する、文武四年には周防国に船造りを命じるなどの記事は国防策に関わる発令と考えられます。筑紫、周防、伊予、吉備、難波の羅城、龍田山・大坂山の関を考える時、筑紫から瀬戸内、難波への国防の整備強化に関連する政策が取られたことを反映しているのではないでしょうか。

これに古代山城が関連するとすれば、いわゆる文献に見えない山城、または天智四年、天智六年の記事に見えずに後出する山城は、上記の事態に関連するかもしれません。筑紫大宰府関連の山城遺跡では、阿志岐城跡、鹿毛馬、御所ケ谷、唐原、帯隈山、おつぼ山、高良山、女山、鞠智城、杷木、雷山、三野城、稲積城、周防総領関連では石城山、伊予総領関連では永納山、城山、吉備大宰関連では常城、茨城、鬼城山（鬼ノ城）、大廻山・小廻山、城山城があげられます。文献に見えない山城は神籠石式山城ともいわれます。

大宰府関連の九州の山城は古代交通路に沿っていることが注目されますし、小型の山城が多いです。鞠智城は文武二年の記事では「大宰府をして大野城、基肄城、鞠智三城を繕ひ治めしむ」とあるように筑紫大宰府の管轄であり、大宰府が重要視して大きくした山城と考えられます。鞠智城の文献を読むとき、遣唐使船や新羅その他の船が有明海の方に漂着来航する記事が多いこと、ここより以南の大和政権に帰属していない勢力への押えの位置にあることなど、大阪に住んでいる私には気がつきにくいものでした。おそらく百済滅亡、白村江後に大和から行った天皇や将軍、亡命百済人などは、鞠智城の位置の重要性は読めなかったものと思います。それを考えると、天智天皇の命令ではなく、大宰府が主導した山城であったかもしれません。天智四年や六年の築城がそれより少し遅れたものであったかもしれないと考えます。また文武三年の記事では大宰府をして三野・稲積二城を築くとありますので、この時期の築城もあったことがわかります。周防、伊予、吉備大宰（総領）が命じて築城した城もあったのではないでしょうか。

これらの山城の発掘も進んでいて、七世紀後半から八世紀初めに位置付けされる山城が多くなっています。それを考えると、以上のような見方、時代付けも検討する必要があるように思えます。

三　平城遷都と国防策

文武天皇の二年と三年（六九八、六九九）、大宰府をして大野・基肄・鞠智三城を繕治、三野・稲積二城を修させています。中央官僚の指示です。大宝元年（七〇一）一月には粟田真人の遣唐執節使、大使、副使の任命があり、唐との外交が再開されます。また大宝律令の制定もあり、朝廷や官僚の間には、新しい時代の到来を感じていたでしょう。同年八月、高安城を廃止するとの方針が出ました。山城の国防策の象徴で、天智・天武・持統天皇と在位中に一度は行幸した高安城に、文武天皇は一度の行幸もなく、高安城の廃止を決めました。しかし慶雲四年(七〇七)六月、文武天皇の崩御で事態は変化します。

文武天皇の後即位したのは元明天皇です。和銅三年(七一〇)の平城遷都の後、和銅五年(七一二)一月の『続紀』の記事に、河内国高安烽を廃し、始めて高見烽、及び大倭国春日烽を置き、以て平城に通ぜしむとあります。これは高見烽と春日烽の新設の記事で、平城遷都をしたがゆえに国防策の中の烽の連絡網を変更する記事であります。高安烽では飛鳥京に通じても、平城京には通じにくい位置です。同年八月、天皇は高安城へ行幸します。

高安城への行幸は天智・天武・持統天皇時代にあり、天皇の国防への関心・意識を示す重要な行為であると考えますと、元明の行幸は、高安城の復活を意味すると考えられないでしょうか。

市民グループ「高安城を探る会」が昭和五三年(一九七八)四月に礎石倉庫跡六棟分を発見しました。これを奈良県橿原考古学研究所が発掘し、平城宮跡出土の土師器に近い土器が出土したことで、七二〇~七三〇年代の建立倉庫と発表されました。当初、探る会のメンバーは、天智天皇の高安城を予想し、落胆もしたのですが、今では私は、建立年代がはっきりした点で大きな発掘成果であったと考えています。なぜなら、この発掘結果で元明天皇の高安城の行幸を考えると、高安城の復活が現実味をおびてきます。それは平城遷都後の国防策の見直しであったかもしれないと思うと、高安城の発見と発掘は、古代山城研究の上で重要な発見であったと思うのです。(2)(3)

平城遷都一三〇〇年記念の行事があった平成二二年(二〇一〇)九月一一日、第四二回古代山城研究会例会が九州国立博物館研修室で行われました。テーマは「倉庫からみた古代山城」です。大野城、金田城、高安城、鞠智城、

高安城３号礎石倉庫・現況

永納山城、それに文献からの研究報告がありました。東大阪市にある近畿大学文芸学部文化学科教授の鈴木拓也氏は「文献史料からみた古代山城の建物」を発表されました。その中で、古代山城の倉庫群に対する評価として、山城における穀の蓄積を、山城の本来的な機能と異なるとみる見解が発掘担当者の有力な見方であるが、文献史学者には穀の蓄積を山城本来の機能と関わらせて考える旧来の考え方を踏襲する傾向があるとして、その理由の第一は、高安城の文献史料から創建当初から大量の穀を収納できる倉庫があったとみられること、第二には山城には穀倉とともに武器庫があったこと、第三には米は重貨であるので、高い山の上に収納するのは効率が悪く、城としての機能と無関係とは思われないことであると、発表されました。

畿内の田税を積んだ倉、穀と塩を積んだ倉が当初の高安城では何棟ほどあったのか、知りたいところです。高安城を探る会が発見した倉庫は三間×四間の礎石倉庫六棟でしたが、これを再建高安城の倉庫の数とすると、それほど多くはないと考えます。天智の時も元明の時も、国防の備えが目的で、直接の軍事行動や作戦に結びついた動きではなかったので、極度に多く積み上げる必要がなかったのではと、私は考えます。

私はこの研究会で「高安城の倉庫礎石」との題で発表し、発掘の結果をどう見るかに絞って話をしました。発見した倉庫跡は天智天皇の高安城ではなかったのですが、考えてみると、大野城でも基肄城でも、天智時代の創建時の発掘例はごく少数ですので、高安城も天智時代にこだわってはいけないこと、七二〇～七三〇年代の礎石倉庫が発見されたことに意義があることを強調しました。あの大宰府の政庁跡も天智時代と思われていたのが、発掘により掘立柱の建物が下にあり、八世紀の第1四半期に、礎石建物の正殿の造営が行われたとの発掘結果があることを考えると(『大宰府政庁跡』平成一四年)、高安城の倉庫も掘立柱から礎石へと変化したことを考えてもいいのではないかと思います。またその変化は、大和にある高安城の発掘の結果からみて平城遷都を期して、大宰府政庁も、また大野城も、礎石建物になっていったと考えたらどうでしょうかと、発表させていただきました。

国立九州博物館の赤司善彦氏は「大野城の建物跡について」を発表されました。私は大宰府政庁跡が掘立柱建物から礎石建物へ変わったことから、大野城跡の倉庫がどのように時期区分をされるかに興味を持ちました。すでに横田義章氏により時代区分が試みられていますが、赤司氏はⅠ期は七世紀後半から、Ⅱ期は八世紀中頃から、Ⅲ期は九世紀前半から、とそれぞれの開始時期を明示されました。赤司氏は、二〇一〇年の「倉庫からみた古代山城」の研究会後、昨年二〇一四年三月、高倉洋彰編『東アジア古代文化論攷』(2―Ⅲ原始古代の考古学　中国書店)の中で、「古代山城の倉庫群の形成について―大野城を中心に―」を発表されて、より詳細に大野城の倉庫を整理されました。この論文では、Ⅰ期は六六四年～八世紀初、Ⅱ期は八世紀前半～九世紀前後、Ⅲ期は九世紀前後～九世紀後半、とされています。詳細は、この論文を参照してください。

横田賢二郎氏は『太宰府市史　通史編』（平成一七年）の中で、大宰府の変化は、大宰府の防衛線として築かれた水城・大野城にも及んでいるとして、政庁跡第Ⅱ期とほぼ期を同じくして、城門が建て替えられ、周辺部の改変が行われたと推定され、その根拠に大宰府口城門で、政庁と同じ鴻臚館式軒丸瓦が使われたことを挙げられています。私は『特別史跡大野城跡Ⅲ』の報告書（昭和五四年）には主城原地区の第Ⅱ期の基壇回りの瓦堆積中から鴻臚館式軒丸瓦の破片が出ていると書かれているので、政庁Ⅱ期と同じとみていました。

鞠智城発掘の発表もありました。礎石建物の出現がいつか、参考になります（表参照）。

四　聖武・孝謙（称徳）天皇時代

聖武天皇は、唐の則天武后に倣い、大仏の造立や国分寺の建立に努力を傾け、仏教の鎮護国家の教えに基づく政治を目指しました。当然、軍事面での国防策に対する意識は低かったと考えます。

この時代、新羅使に変化が見られます。白村江戦後、天智七年（六六八）になって新羅使が復活しましたが、以後、天武・持統・文武・元明・元正時代と、毎年のように貢調使を派遣してきました。しかし七二〇～七三〇年代以後、新羅の国内統一が完了、唐との友好関係が出来てくると、日本との間の朝貢関係を変わらせたいと思うようになりました。かわって聖武天皇神亀四年（七二七）には、以前の高句麗に繋がるという渤海国の使節が初めて来航しました。

この唐と新羅、渤海と日本を包み込んだ国際情勢の変化に対応するように、朝廷の国防策に一つの変化がみられました。それは天平四年（七三二）の節度使の任命です。これは東海東山道、山陰道、西海道の各節度使を任命し、

次の時期(仮Ⅱ期) 720〜730年代(土器型式から) 礎石倉庫６棟 瓦　？
Ⅱ期、礎石建物(朝堂院型式)、Ⅲ期に続く 大宰府系(老司式、鴻臚館式) ８世紀第１四半期(須恵器、瓦から)『大宰府政庁跡』2002より)
時期(８世紀代か)70棟余(『特別史跡大野城跡整備事業』2006) 礎石建物、　太宰府口城門Ⅱ期(Ⅲ、Ⅳ期へ) 大宰府系(老司式、鴻臚館式) 礎石建物(倉庫)　　掘立柱建物も 瓦　　丸瓦か平瓦
礎石建物42棟余(『古文化論叢上』)
時期(古代Ⅱ期、８世紀代)総柱礎石建物７棟(『国指定史跡鬼城山』2006、97p) 研究会(2010)後、時期(７世紀末葉〜８世紀前半が中心)(『史跡鬼城山２』2015、173p)
礎石建物跡25棟、　　　　合計72棟 第Ⅱ期(698〜８世紀後半)(全盛期) Ⅱ. 1−3. 5. 6. 8. ⑪⑫13. 16. 17. ⑳−㉓. 24. 25. 27. 28. 33. 55. ㊺ 第Ⅲ期(８世紀末〜消滅)(衰退期)　Ⅲ. 26. ㉚. ㊱. 41−43
第Ⅱ期(８世紀前半)Ⅱ㉒. ㉓. ㉞. ㊲. ㊿. ㊺. ㊻ 第Ⅲ期(８世紀後半から終末) Ⅲ⑪. ⑫. 13. ⑳. ㉑. ㊱. ㊺. ㊻. ㊼. ㊽. ㊻. ㊾. ㊹. ㊲
停滞期(８c第２〜３四半期)　建設活動停滞 再開期(８c第４四半期〜９c前期)⑫, ⑳, ㉑, ㊱, ㊻, ㊼, ㊽, ㊹, ㊲, 終末期(９c中期〜後期)24, 25, 26, 27, 28, 29, 41, 42, ㊺, 53, ㊻, 57, 61
第Ⅲ期(８c第１四半期後半)㉒, ㉓, ㉝, ㉞, ㊲, ㊾, ㊿, ㊺, ㊻, 第Ⅳ期(８c第４四半期〜９c第３四半期)⑳, ㉑, ㊱, ㊾, ㊹, ㊲ 第Ⅴ期(９c第４四半期〜10c第４四半期)㊺〜㊽, ㊻
○研究会当日発表資料にその後の鬼ノ城、鞠智城の発掘結果を追加した。

四　聖武・孝謙(称徳)天皇時代

表　高安城との関連で、古代山城の礎石倉庫の時期

高安城	創建期(仮Ｉ期) 創建は掘立柱倉庫か (穀と塩を積む、書紀)　　瓦　？
大宰府政庁	Ｉ期、掘立柱建物 単弁軒丸瓦(百済系)
大野城	(指揮所、城門)(『特別史跡大野城跡Ⅲ』他Ⅴ、Ⅵ、Ⅶ) 掘立柱建物、　　　掘立柱城門 単弁軒丸瓦(百済系) (倉庫)　(『特別史跡大野城跡Ⅴ』1982 掘立柱建物、(倉庫か) 瓦　？
基肄城	掘立柱倉庫、未発見、 単弁軒丸瓦(百済系、８世紀初頭をくだらない最古式か)、 掘立柱城門
金田城	ピングシ山頂部で掘立柱建物３棟(１×３間)、 鞍部で１棟(１×３間)、北斜面１棟(１×２間) 合計５棟、岩盤を掘る
鬼ノ城	時期(礎石建物に先行する前身建物？)掘立柱建物１棟(側柱建物？)(『国指定史跡鬼城山』2006、58p、97p) 研究会(2010)後、時期(９～10世紀)山岳寺院堂宇？(『史跡鬼城山２』2015、63p)
鞠智城	掘立柱建物跡47棟、 ☆第Ｉ期(７世紀中葉～698)(草創期～修理期) 　Ｉ，④. 7. 9. 10. 14. 15. 18. ㊺-㊽. 49. 62-(64) 　　　(数字の○カッコは礎石建物)
	★第Ｉ期(創建期か近い時期)(全掘立柱) 　Ｉ19. 26. 31. 32. 35. 40. 41. 42. 43. 52. 54. 62. 63. 69. 70. 71
	△創建期(７世紀後期～)1, 2, ④, 6, 7, 9, 15, 18, 40, 69, 70 　繕治期(698～８c初期)3, 5, 8, 10, ⑪, 14, 16, 19, ㉒, ㉓, 　　㉚, 31, 32, ㉝, ㉞, 38, 49, 62, 63, (65), (66), 71, (○カッコは礎石建物)
	▲第Ｉ期(７世紀後半)1, 2, 3, 5～10, 16～18, 24, 25, 27, 28, 29, 69～71 　第Ⅱ期(７c末～８c初頭)14, 15, 19, 26, 31, 32, 40～43, 54, 62, 63, 　　(Ｉ～Ⅱ期とも全掘立柱、Ⅲ～Ⅴ期とも全礎石建物)
	☆印(第２次保存整備基本計画より，2002) ★印(鞠智城東京シンポジウム、2010，８，８報告「鞠智城の調査成果」より) △印(鞠智城跡Ⅱ、2012、442p、建築学からの年代、小西) ▲印(鞠智城跡Ⅱ、2012、503p、考古学からの年代、矢野)　］研究会(2010)後の発掘結果

各地の国防の拠点である軍団の設備を点検し、山陰道については烽燧の制度を導入、その演習も行わせています。天平六年四月には終了しましたが、この時期の国防策の大きな動きでありました。

新羅との緊張は、この後ますます高まっていきます。天平九年(七三七)、日本から行った遣新羅使は、新羅で使の旨を受けずといわれて帰国しました。新羅を説得して朝貢を認めさせるのか、または兵を発して征伐するのか、日本国内でも新羅との関係に緊張感が出てきました。天平一〇年、一四年、一五年と日本は新羅使を筑紫から放還、一方、七四二年(天平一四年)に即位した新羅景徳王も日本からの使者を受け入れずと『三国史記』に見えます。

こんな時、天平一二年九月、大宰少弐藤原広嗣が反乱を起こし、僧正玄昉や、従五位上右衛士督兼中宮亮に昇進していた吉備真備を除くように上奏しました。この乱で国内は混乱し、短期間ではありますが、天平一四年に大宰府が廃止になり、天平一五年一二月に筑紫鎮西府の設置、天平一七年六月に大宰府の再置となります。

孝謙天皇が即位した天平勝宝元年(七四九)七月、右京大夫吉備真備は従四位上となりましたが、翌二年正月、突如筑前守に左降されました。これは大納言兼紫微令正三位藤原仲麻呂の意向があったとされます。仲麻呂は従二位になりました。七月、遣唐使が任命されたのですが、翌三年一一月、吉備真備が突然入唐副使に追加され、翌四年(七五二)閏三月、遣唐使は渡航しました。大使に藤原清河、また唐事情に詳しい吉備真備を急遽加えるなど、おそらく藤原仲麻呂が力を入れた遣唐使であったに違いありません。

翌天平勝宝五年(七五三)、この遣唐使は、唐朝で新羅使と席次を争い、新羅国は日本に朝貢する国であると主張し、日本使節が勝って上席に就きました。翌年帰国した吉備真備は四月、大宰大弐に任じられ、正四位下となりました。

天平勝宝八年(七五六)五月、聖武太上天皇が崩御される慌ただしい中、六月、「始めて怡土城を築く。大宰大弐吉備朝臣真備をしてその事を専当せしむ」との命が下りました。真備の提案と思われますが、国防策の新しい動きが起こったのです。

怡土城の遺跡は福岡県糸島市前原町の東南に臨む高祖山《たかすやま》(四一六メートル)にあります。山麓に大土塁を築き、山頂にかけて望楼を何箇所も設けていて、中国式の山城だといわれます。吉備真備がこの城の築城を提案したのは、どのような理由からでしょうか。この築城理由になる事態は二つが考えられますが、ともに七五六年より後に起こっています。どちらを先取りしたのでしょうか。それを考えてみます。

一つは唐国の事情です。始めて怡土城を築くとある記事の二年後の天平宝字二年(七五八)、淳仁天皇が即位し、紫微内相藤原仲麻呂が大保(右大臣)従二位兼中衛大将藤原恵美朝臣押勝となり、権力の座に上り詰めました。その矢先の九月、遣渤海大使小野田守が帰国、この年一二月、小野田守は渤海国から得た唐国の消息を奏上しました。唐の天宝一四年(七五五)一一月、安禄山が兵を挙げて反乱をなし、自ら大燕聖武皇帝と称したことなど、乱の詳細を語ったのです。有名な安史の乱です。

この知らせを受けて天皇は同一二月、大宰府に勅して、「安禄山は、これ狂胡狡竪なり、天に違いて逆を起す、事必ず利あらじ、疑うらくは、これ西を討るあたわず、還りて更に海東を掠めん」などと云い、大宰帥船王、大弐吉備真備に危機に備えるように命じました。それで、この安禄山・史思明(安史)の乱への対応として、真備は乱前からこれを予想して、怡土城の築城を提案していたかもしれないのです。

もう一つは、前述したように新羅使の朝貢態度が変わってきたことです。外交の使節を出して諭すか、兵を起して征伐するか、朝廷内に議論が起こっていました。天平宝字三年(七五九)六月、仲麻呂は新羅を討つため、大宰府に行軍式を造らせ、香椎廟に新羅討伐を奏し、船五〇〇艘を北陸山陰山陽南海道諸国に造船させ、三年のうちに功をなすように命じました。天平宝字五年(七六一)七月には筑前など西海道に命じて甲刀弓箭を作らせ、一一月には第二次節度使を任命、いよいよ新羅征討が現実になってきました。この新羅征討のために怡土城が築城されたかもしれないのです。

新羅征討のために築城したという学説は、新羅征討策が強硬に進められたことから、怡土城もその強硬策の一環として築城しようとしたのは当然だという説です。(4)

一方、安禄山の乱に関わるという見方は地元で前々から云われてきたようで、昭和五四年(一九七九)前原町教育委員会発行の『史跡怡土城　保存管理計画策定報告書』には、真備はすでに中国での乱れを察知していたとも思われると、書いています。平成一七年(二〇〇五)発行の『太宰府市史』には、城の構造を考えると、ここが新羅を討伐する出撃基地であったとは思えないと書いています。

私は、天皇が大宰府に勅命したことを受けての大宰府の返答に一つの答えがあるのではないかと考えています。その返答は翌年三月に出ています。つまり府官の見るところ四つの不安がある。一つは博多大津、壱岐、対馬の要害に船百艘を置くと警固式にあるが、現状は使用できる船がない。二つには、東国の防人をやめてから、辺戍は日々荒散している。万一変あれば、応じられないし、威を示すことができない。三つには、管内の防人(天平宝字元年閏八月の勅で、大宰府の防人は西海道七国、合わせて一千人を兵士に当てることになった)は城作りを停めて、勤めて武芸に赴き、戦陳を習わせている。しかし大弐吉備朝臣真備は、五〇日は教習し、一〇日は築城に役させたいと請うている。請うようにしたいが、府の官人の中には意見が同じでない者がいるとあります。四つ目には管内の百姓の乏絶が多い、と国防の現状を述べています。

城作りとは怡土城の築城です。真備は海岸防備のために怡土城が必要だとし、築城を始めていましたが、府の官人は、おそらく中央の意向を尊重して新羅征討の方を重視しているので、意見が相違したのでしょう。新羅征討のために怡土城を築城しているのなら、官人は反対する理由はないでしょう。回答の勅書では、管内の防人の築城のための一〇日の役は真備の議によれといっています。築城は続けられたのです。

結局、新羅征討は行われないまま、天平宝字八年（七六四）節度使が罷められ、仲麻呂の反乱となりました。その後も怡土城の築城は続けられ、称徳天皇の神護景雲二年（七六六）二月に完成しました。仲麻呂の乱後も築城工事が続行されたことでも、築城理由を考えることができるようです。

［注］
（1）棚橋利光「白村江戦後の唐の脅威」『皇学館論叢』七六号、一九八〇年一〇月。
（2）「高安城跡調査概報1」『奈良県遺跡調査概報一九八一年度』、「高安城調査概報2」『奈良県遺跡調査概報一九八二年度』。
（3）棚橋利光「高安城の発掘とその後　平城遷都と高安城」『河内どんこう』九四号、二〇一一年六月。
（4）大類伸「怡土城考」『歴史地理』三一巻四号、大正七年四月号、一九一八年四月。

久宝寺寺内町の歴史と地理

金井　年

はじめに

室町時代末期、畿内一円に寺内町（じないまち・じないちょう）と呼ばれる一群の都市が成立します。具体的には貝塚、富田林、ここで取り上げる久宝寺、そして町並保存という点では一番と言ってもいい大和今井などです。実は久宝寺にせよ今井にせよ、往時の町の景観が残っている、というのは明治以降の都市的発展から取り残された結果の裏返しなのですけれども、それが近年になって一種の観光資源として蘇ったということで、近世城下町がそのまま県庁所在地等、現代都市に変質したのとは対照的と言えます。

さて、室町時代の末といえば世は戦国時代、幕府は有名無実化し、無政府状態にあったわけですから、人々は自分で自分の身を守らなければなりません。その時現在の関東では、地元の有力豪族に農民たちが保護を頼む、その代償として一定の貢納を行なう、という形式でそのような豪族の居館の周囲に集落が形成されるという事例が割と多かったのです。一般に「豪族屋敷村」と呼ばれるもので、現在関東に残る「構《かまえ》」「根古屋《ねごや》」という地名は、その名残とされています。

一方畿内では浄土真宗系の寺院を中心に集落が形成されるケースがあり、それが寺内町ということになります。

私たちは現在の視点から寺というものを宗教センターと捉えがちですけれども、中世まで遡ると実態は全く違います。つまり真宗はいざとなれば武装蜂起して領主権力とも戦う――一般に「一向一揆」と呼ばれますけれども、それだけの力を持っていました。もちろん住民が貢納をするという点は先の豪族屋敷村と同じですが、その金額は割と安かったのです。ここは重要なポイントで、かつて寺内町を「宗教的連帯感によって支えられた都市」とする見解もありましたが、現在ではそのような考えは否定されています。

近世史研究者の脇田修先生は、富田林寺内町の実態を同所の杉山家文書を用いて分析されていますが、近世初頭―中世まで遡っても同じと考えられます―において富田林御坊興正寺の檀家は、住民の僅か一割半にすぎなかったのです。要するに宗派などどうでもよく、一種の契約関係によって寺と住民が繋がっているわけです。ちなみに大坂石山本願寺寺内町には、キリシタンすらいたことがわかっています。

それから「浄土真宗」という言葉は明治五年（一八七二）になってようやく公称されることになったもので、それまでは「一向宗」が普通でした。ただ本稿ではあまり厳密な使い分けはしません。

当時の経済的先進地域であった畿内では、真宗寺院の周囲の集落がしばしば都市的な色彩を帯びることになります。これが寺内町です。「都市的な色彩」というのは、寺内町は一般に水陸交通の要衝に位置しており、一定地域の生産・流通の拠点となっていた、という事実を指します。久宝寺の場合は、旧大和川本流（現長瀬川）に隣接するという水運上のメリットも大きく、周辺農村からの物資の集散地としての性格が、近世に入ると顕著になります。歴史学で「在郷町《ざいごうまち》」と言われるものに変容します。もはや一揆の拠点という意味あいはありません。このような経済的メリットは、宝永元年（一七〇四）の大和川の付け替えによって河水が減少し、貨物用の船舶が通行不能になるまで続きましたし、それ以降も河内木綿の集散等、一定の都市的機能は果たしていたようです。

右で「浄土真宗」と「一向宗」の関係について少し触れましたけれども、もっと複雑な問題があります。それは、久宝寺に限らず寺内町の多くは、近世には村として把握され、貢納の義務を負っていた、ということです。少し丁寧に説明しますと、貢納とは貢租、つまり田地にかかる税を納めることであり、よく使われる「年貢」というのは、年々の貢租のことです。実は都市民にかかる税と、農民にかかる税とは性格が異なるのですが、それを論じ出すときりがなくなるので、ここでは久宝寺を村と言うこともあれば町と言うこともある、という点を前もってご了解下さい。

さてこれから久宝寺寺内町についていろいろ述べて行きたいと思いますが、この寺内町については既に多くの方が文章化されておられます。そこで本稿では図や写真を多用し、ヴィジュアルな観点から寺内町について理解を深めて頂けたら、有り難いと思います。歴史学関係の学会誌に図や表をあまり入れると、経費の関係で編集サイドから、削れ、といわれる（地理学ではそういうことはないですが）のですけれど、今回は大目にみてもらうこととします。願わくば、本書を持って現地に行き、自身の目で寺内町とはどのようなものか、ご覧になるのがベストと考えます。

一　「久宝寺」という名の由来

地名にはそれぞれ由来があり、ドイツでは「地名学《ナーメンクンデ》」はれっきとした学問分野として成立しています。日本では行政の都合で割と頻繁に地名が変わりますし、近世以前についても、どこまでその地名を遡及させうるか、あまりにも傍証となる史料が乏しいのです。

「久宝寺」は聖徳太子が建てた寺の名に由来するとされます。もっとも河内には太子ゆかりとされる寺院や地名がたくさんあって、大体は疑問符がつくものです。史料上は、『鎌倉遺文《かまくらいぶん》』三巻・文書番号一六九一『河内通法寺《かわちつうほうじ》領注文案《りょうちゅうもんあん》』に「一　河内国《かわちのくに》末寺《まつじ》若江郡《わかえぐん》狛郷《こまのごう》久宝寺《きゅうほうじ》」とあるのが最古です。日本語の特徴として、発音はあまり変化せず、いわゆる宛字《あてじ》が多いようです（このあたりは専門家ではありませんので、あまり自信はありません）。あとで出てくる許麻《こま》神社も「こま」で、これは高麗、つまり渡来系の名称のようです。ちなみに私はかつて某大学教授から「金井というのは渡来系の名前だ」と言われたことがあります。そうかもしれませんが、親からそういった話を聞いた憶えはありません。

二　蓮如上人の布教と寺内町の成立

日本の仏教界で《最大派閥》を誇るのは浄土真宗であることは、ご存じの方も多いかもしれません。これは本願寺第八代法主《ほっす》、蓮如《れんにょ》上人（一応敬意を払って「上人」を付けることとします）の時期に急激に教線を拡大したことによるものです。『蓮如』というタイトルの本はかなり出ておりまして、最近では五木寛之氏のものがよく読まれているようです。興味のある方は特に難しい内容でもありませんので、お読みになるのもいいでしょう。

さて『大谷本願寺通記《おおたにほんがんじつうき》』によれば、文明二年（一四七〇）この地にある慈願寺《じがんじ》—実はこの寺は近世に入って旧大和川の西側に八尾寺内町が出来るとそちらに移転するのですが—に布教された蓮如上人は、「帰するもの市の如し」と言われるほど多くの門徒を獲得し、西証寺、つまり現在の顕証寺《けんしょうじ》を建てたとされています。

実はこの種の話は、洋の東西を問わずいくらもあって、例えば世界遺産にもなっているフランスのモン・サン・ミッシェルはモンの近くのアヴァランシュの町を統治していたオベール司教の夢の中に大天使ミカエル（ミッシェルはこの語のフランス語読み）が現れて建てたことになっています。こういった話は、歴史的事実かどうか、といったレベルで議論しても意味がありません。

むしろここで注目したいのは、蓮如上人がその時に次のような歌を詠んでいる、ということです。

年つもり　五十有余をおくるまで　きくにかわらぬ鐘や久宝寺

この歌から、上人が来た時に「久宝寺」なる寺が存在し、そこで鐘をついていたことが明らかです。寺の所在地は現在の許麻神社のあたりで、上人は五六歳でした。

この蓮如上人という人は、二七人もの子持ちであったのですが、これには政治的な意味もあります。血脈を最大限活用して、教線を拡大したのです。もともと上人の第二四子実順が入寺しましたが、あとを継いだその子実真が早世したので、大津顕証寺にいた上人の第六子蓮淳が住持となって、名を顕証寺と改めました。大津の顕証寺にはいつか行きたいと思いつつも、果たしておりません。何か、新たな関係性が見つかるようにも思うのですけれど。

それから、寺の創建年代についても、近世の由緒書には明応年中と文明年中と記したものがあって江戸期にはわからなくなっていたことが窺えますし、平成一〇～一一年（一九九八～九）に顕証寺北側に「まちなみセンター」を建設するにあたって建設予定地を事前に発掘調査したところ、寺院のものと推定される瓦が出土したり、現在地表面で見られるものとは異なる方位の地割が検出されたりと、かなり複雑な話になっています。これらについては、次に述べたいと思います。

三　寺内町の形成

ここで史料を二点あげたいと思います。今井と久宝寺の、それぞれ町のサイズについて記したものです。

今井村と申す処《ところ》は、兵部と申す一向坊主の取り立て申す新地にて候《そうろう》、この兵部器量の者にて、四町四方に堀を掘り廻《めぐ》らし土手を築き、内に町割を致し（後略）（『大和軍記《やまとぐんき》』）

顕証寺境内、唯《ただ》今は四反余御座候《そうろう》、往古は久宝寺村四町四方、顕証寺寺内を為《な》す（『顕証寺文書』）

今井にせよ久宝寺にせよ、「四町四方」、つまり四〇〇メートル平方の集落であることが記されていますし、現状も大体それに符合しています。さらに言うなら、現存する他の寺内町についても、このサイズを大きく外れるものはありません。

久宝寺寺内町がどういうプロセスを経て完成されたかについては、建築史学の櫻井敏雄先生、文献史学の内田九州男先生の説があります。両先生とも、寺内町の町割を複数の指標を用いていくつかに区分し、最初にこの区画がつくられ、次に…という段階を想定しておられます。不遜ですが、私は両説とも与《くみ》できません。

素朴な疑問として、いくつか町割を継ぎ足していったらたまたま四町四方の集落が出来上がった、とは思えません。私案を述べたいと思います。

まず町の外郭—史料には構《かまえ》と出てきますが、つまりは堀や土塁のこと—を設定します。四町四方というのは、防御にも、一定の経済活動を行なうにも、適切なサイズであったと考えられます。その際、何を基準にして方形の区画を設定するか、です。

畿内は、古代の条里制の地割が現在でも顕著に残る地域です。実際に条里のラインを延長し、寺内町にかぶせてみると、内堀の線と条里の線がピタッと一致します。かくして外郭は確定されるわけですが、その内部はまだ未整備だったと考えられます。だから現在のものとは違った方位の地割が出てきても、ある意味当然でしょうし、また寺院はその枠内を何度か移転したのでしょう。「まちなみセンター」建設に際して地中から出てきた瓦は、寺が現在地に移転する前、ここにあったということを示しているに過ぎない、と考えます。

しかるにその後この外郭内は徐々に家屋で充填されていき、寺院も現在地に最終的に固定し、現在我々が目にするような町の景観が出来上がった—これが寺内町建設のプロセスです。

四　町のかたち

ヴィジュアルな観点を重視する、と言いながら前置きが随分長くなりました。ここからは、町の形態—地理学では都市プランという用語を使います—について、述べていきます。

1　両側町《りょうがわちょう》と背割り排水

現在では郵便局の都合(?)で、住居表示はすべて「久宝寺○丁目○番○号」となっていますが、もともとは図1

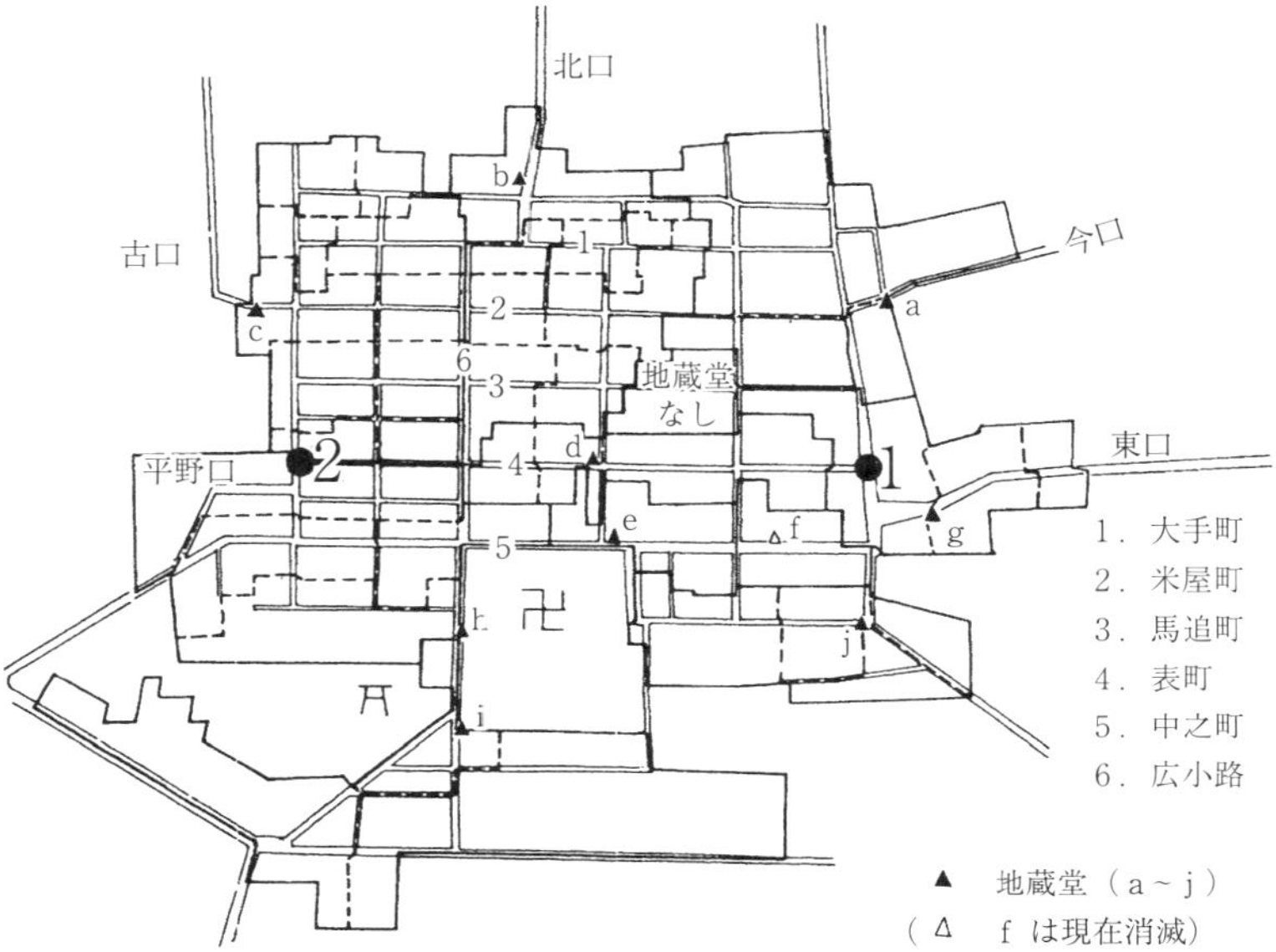

図1　久宝寺の町名、入口の名称と地蔵堂の受持区域（調査：昭和50年）
金井（2004）に加筆

にあるように、道をはさんで一つの町が形成され、家屋は当然のことながら道路側に向かって間口を開きます。そしてブロックの中央を東西に走る背割り排水が町と町との境目となります。

私たちは道と聞くと通過のためのもの、と考えますが、元来は一つの町を構成する住民間のコミュニケーションの場でもあったのです。また背割り排水は、下水道が完備した現代ではあまり意味を成さなくなっていますが、依然として機能を果たしているところもありますし、かなりのところで、その痕跡を確認することができます。図2で黒く塗ってあるところは排水路が現存しているところ、破線のところは凹部が連続しており、既に元来の意味を失ってはいるものの、痕跡がみられるところです。排水は寺内町のやや東部に位置する、南北方向に走る大水路とよばれる幅の広い水路に流入します（写真1）。

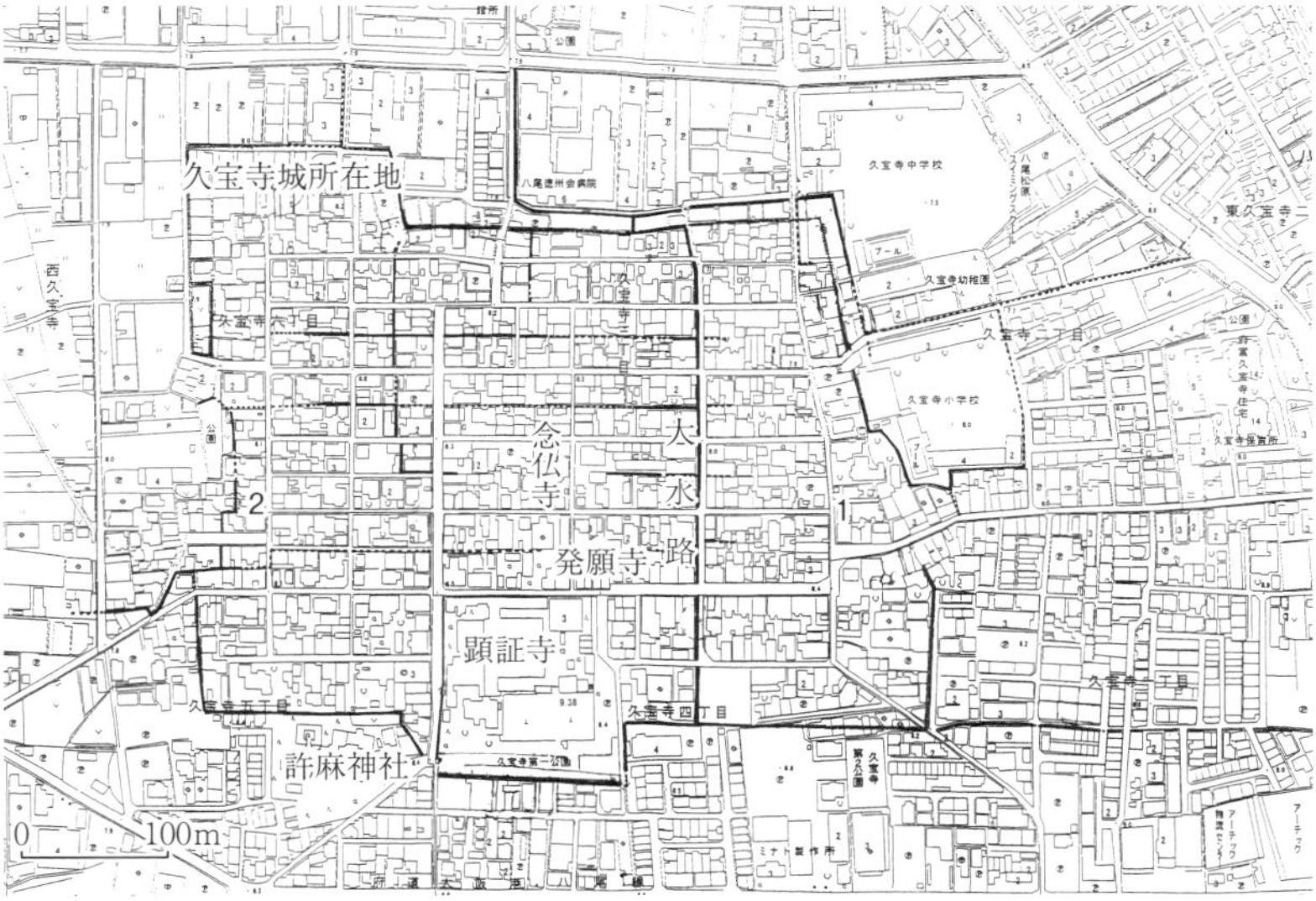

図２　久宝寺寺内町現況図（八尾市都市政策課発行2500分の１基本図による）

２　環濠と遠見遮断《えんけんしゃだん》

この二つは「防御」という観点から一括りにしました。

現在でも奈良盆地には、一般に「環濠集落」とよばれる、周囲を堀で囲繞した集落がいくつも見られます。この環濠はもちろん防御のためのものですが、他にも洪水回避とか火事の際の消火用水だとか、様々な用途が指摘されています。そして内部に入ると道が入り組んでいて…ということもあります。すべては安全確保のための住民の知恵なのです。

久宝寺の場合は、町中は碁盤目状のきれいな町割を成してはいるものの、一種の環濠集落であるという点は変りがありません。ただ残念なことに、その痕跡は部分的なものにとどまります(写真２)。

次に寺内町に入る入り口に注目しますと、すべてT字型か、あるいは若干屈折していることがわかります。これを遠見遮断《えんけんしゃだん》といって、わざと町中の見通しを悪くして

写真1　背割り排水が大水路に流れ込むところ。雨の日はその様子が確認できる。

いるのです。これまた防御のためです。さらに江戸期の絵図を見ますと、町全体が竹林で囲まれている様子も窺えます。要は、町中が見えたら困るのです。

個々の入り口には門が設けられていました。残念ながら久宝寺については史料が残っていませんが、今井には元禄《げんろく》一六年（一七〇三）の「窺書《うかがいがき》」なる文書があります。今井町惣年寄が代官、桜井孫兵衛に提出したものです。それを援用して、往時の久宝寺の様子を偲んでみたいと思います。

一《ひとつ》町中《まちなか》惣構《そうがまえ》九口門《きゅうこうもん》之《の》義《ぎ》、暮《くれ》六ツより指明《しめ》、六ツニ開キ申候《もうしそうろう》、右之内、東西南北四口ハ相改《あいあらため》、出入致させ申候《もうしそうろう》、相残ル五口ハ夜中一切出入不仕候《つかまつらずそうろう》、この文面から、今井には入り口が九か所あり、日没とともに閉門し、夜明けとともに開門する、そのうち四門は閉門時であっても入り口でのチェックがＯＫであれば出入りが可能だが、あとは夜中は一切シャットアウト、ということがわかります。

もう一文あげてみましょう。

一火事之節ハ、用心のため九口門を堅《し》メ、他所之者一切入《いれ》不申《もうさず》候《そうろう》、

写真２　顕証寺南方の環濠跡。現在はこのように、コンクリートで整備されている。

最近使われなくなった言葉に「火事場泥棒」というのがあります。火事のどさくさに紛れて、他人のものをかすめとっていく、という甚だ感心しない人たちのやる行為です。そんなことが起きないように、町の住民以外の出入りに気を遣っているわけです。久宝寺にも似たような規定があったと考

えられます。なお寺内町中央部から少し西寄り、顕証寺西側を南北に走る幅の広い道路は通称「広小路」とよばれていますが、これは出火の際、火災が拡大しないように設けられたオープン・スペースの可能性があります。

五　寺院と町のメイン・ストリート・地蔵堂について

1　久宝寺御坊顕証寺

浄土真宗西本願寺派に属する寺で、その格式の高さは既に述べたとおりです。現在の建物で江戸期にまで遡るものは、山門と本堂です。一枚に収まるように写真に撮ってみましたが（写真3）、うまくイメージを伝えられません。そこで登場ねがうのが、享和元年（一八〇一）に出版された『河内名所図会』です。図3を現状と比較すると、道幅など、かなりデフォルメされたところも多いのですけれど、建物の形は概ね正確です。

これは現在の歴史学界の常識といってよいのですが、江戸期の人々は町人のみならず農民でも結構旅行しておりまして、この種のガイド・ブックや絵図はかなり作製されています。現在復刊本も出ておりますから、興味のあるところに行って現状と対比するのも面白いでしょう。

2　他の寺院

寺内町内部にはもう二つ寺院があります。発願寺（浄土真宗）と念仏寺（融通念仏宗）です。

昭和初期に出た『久宝寺村誌』によれば、発願寺は寛永一四年（一六三七）の開基で、顕証寺別院役僧を勤めた、

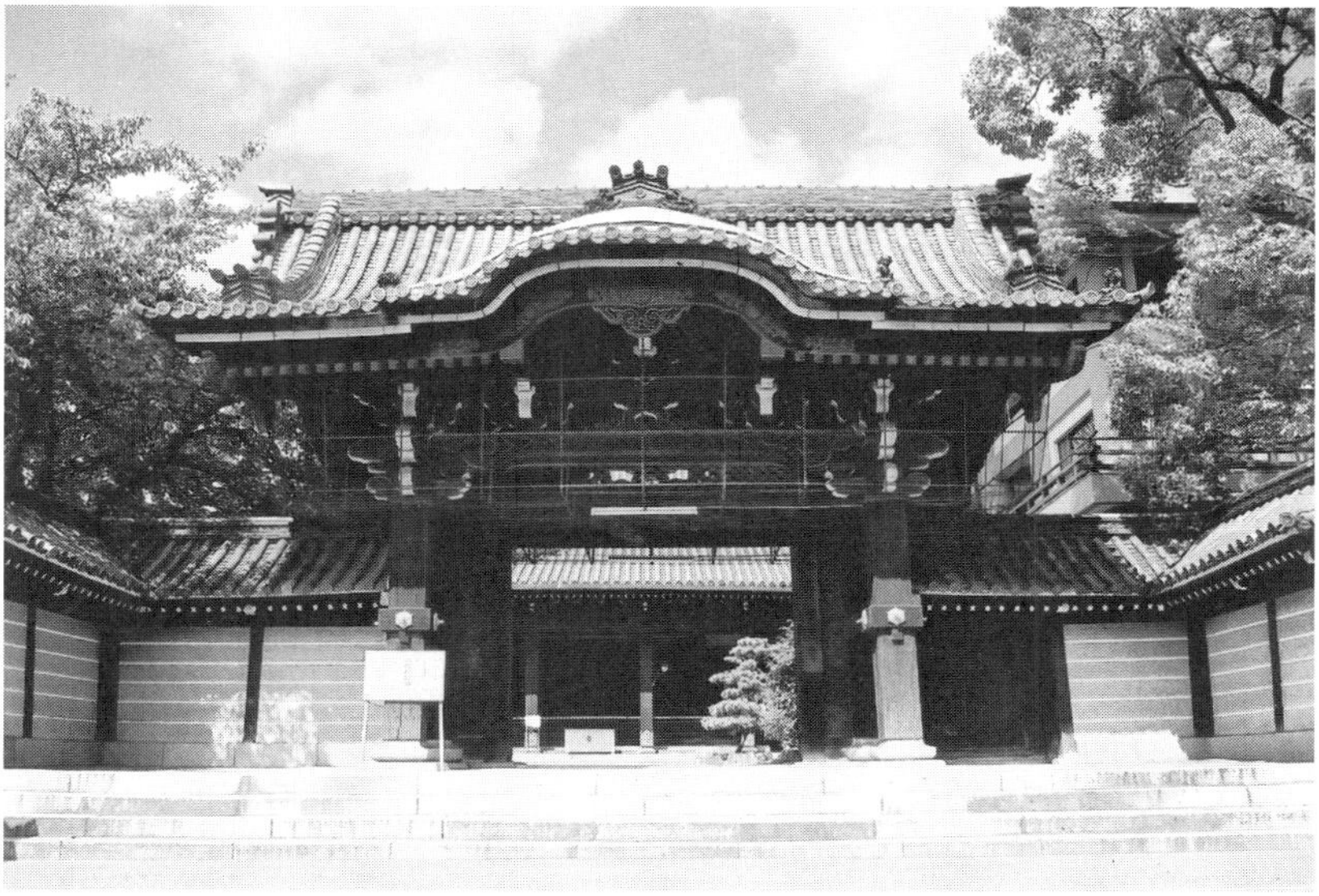

写真３　顕証寺山門(後方にみえるのは本堂)

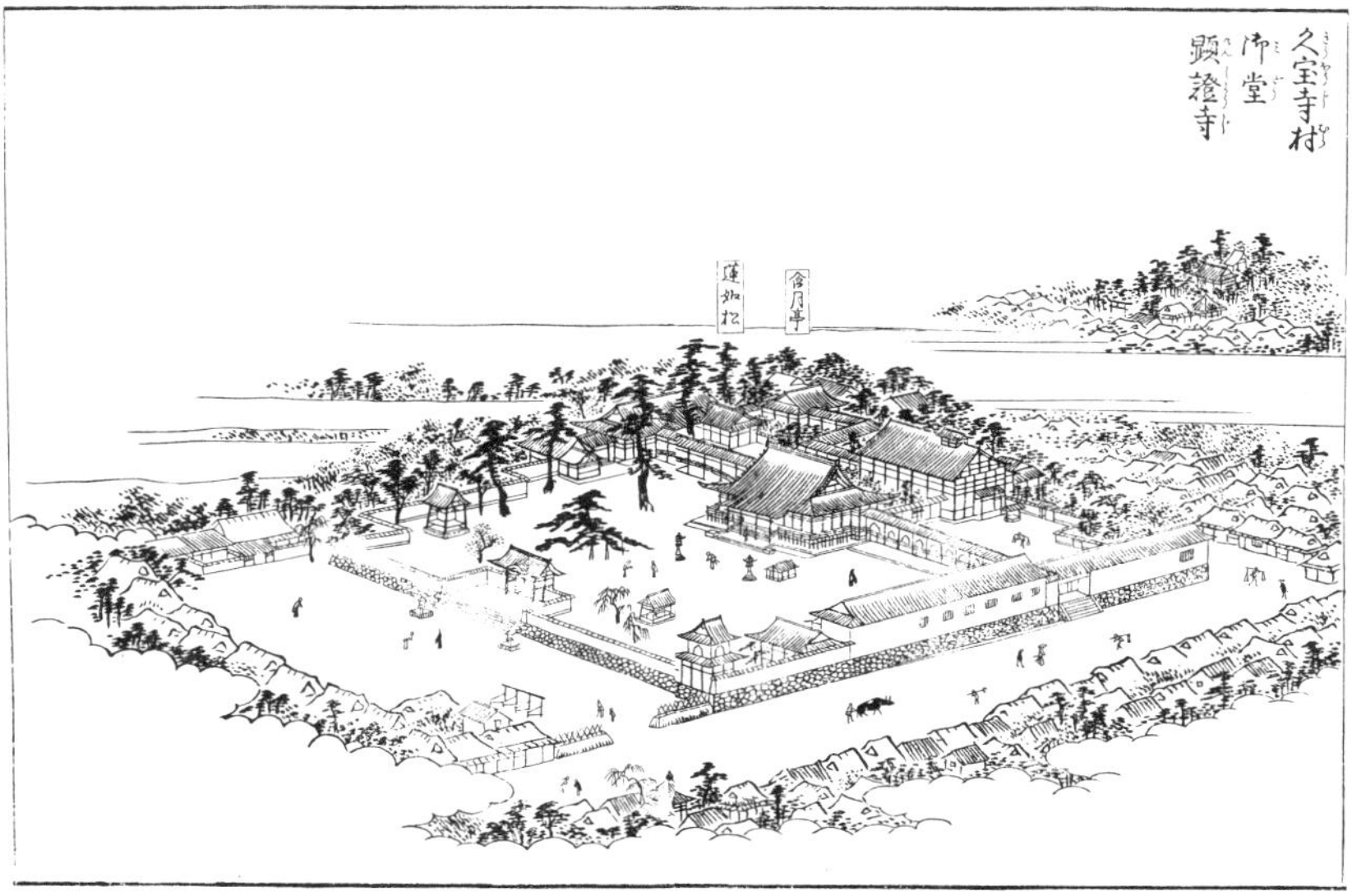

図３　『河内名所図会』にみる顕証寺

とあり、『大谷本願寺通記』にはこの名が二回出てきます。ただ同寺は現在顕証寺との交流は全くなく、詳細については不明です。

念仏寺は平野（現大阪市平野区）の念仏寺の末寺で、開基は暦応四年（一三四一）とされていますので、寺内町成立以前からあることになります。先に富田林について脇田修先生の論を紹介し、富田林御坊興正寺の檀家だったのは住民のごく一部に過ぎなかった、と書きましたけれども、ここで再度指摘しておきたいのは、寺内町は「宗教都市」でも「仏教都市」（こういう意味不明の日本語を使う人がいます）でもない、ということです。だから他宗派の寺院があっても不思議ではありません。

もう一点指摘したいことがあります。それは寺内町建設の目的ということで、従来、荒蕪地開拓の目的を持ったニュータウン、という見解が出されていました。確かにそういう側面もあるでしょうが、私はむしろ一定の集落が存在し（私はそれを「原集落」と呼んでいます）、それを包含するような形で寺内町が作られた、と考えています。図2をご覧下さい。北西の出っ張り部分は中世に城があったところですが、寺内町建設時にうまくプラン内に収まらず、ややいびつな形となっています。城があったということは、当然その周囲に集落があったと考えられますが、その痕跡は確認出来ません。念仏寺も同様にプラン内に嵌っていて、もともとはもっと巨大な敷地を有していた可能性もあります。これが寺内町形成以前の、この地域の精神的支柱であったと考えられます。

3　町のメイン・ストリート

図1の1、2と記した場所をご覧下さい。これは江戸期に作られた道標のあるところで、刻まれた文字は次の通りです。

（1）北面　天明元辛丑年六月下旬・施主　河内屋小兵衛
西面　和泉信貴山・八尾地蔵尊　道
南面　大坂・平野　道

（2）北面　文政八乙酉年十一月建
東面　平野・大坂　道
南面　八尾地蔵・信貴山　道

八尾市内に残る道標には信貴山案内のものが多く、往時の庶民の、信貴山信仰の篤さを彷彿とさせます。またこの二つの道標間の道筋は「表町」と呼ばれることからも、メイン・ストリートと見なせる通りです。

実は他の寺内町について調べてみても、メイン・ストリート—往時には商家・商店が並んでいたと思われる通り—は寺院横を通過していません。この事実は、宗教的シンボルとしての御坊と、町の経済的機能は別物である、ということを示しています。くどいようですが、町の宗教性を不必要に強調すべきではありません。

4　地蔵堂

図1を見ればわかる通り、久宝寺寺内町には町への入り口をはじめ、辻々に地蔵堂があり、毎年八月二三、二四両日地蔵祭が開かれています。地蔵信仰が発達した集落は何故か関西に多いようです。拙宅の前にも地蔵堂があり、時々年配の方が手を合わせておられる姿も目にします。ただ個々の地蔵堂の由緒を知る人は、まずいません。

そういった由緒は口頭で伝承される側面が強いので、時代とともに不分明になっていくのはやむを得ないとも言えます。

おわりに

久宝寺を訪れても、特別古い町並があるわけでもなく、古都のような雰囲気を期待すると肩すかしを食らうでしょう。また「まちなみセンター」には特に寺内町に関する資料（史料）が整備されているわけでもなく、専門の学芸員もいません。しかし右に私が書いた諸点を留意して町中を歩けば、様々な発見があるはずです。ヨーロッパに関する書物をいくら読んでもヨーロッパを理解したことにはなりません。是非ご自身の目と足で確かめてみて下さい。

［参考文献］（五十音順。単行本に限定）

内田九州男『久宝寺寺内町の町割について』八尾市教育委員会（一九八六）

金井年『寺内町の歴史地理学的研究』和泉書院（二〇〇四）

櫻井敏雄・大草一憲『寺内町の基本計画に関する研究―久宝寺寺内と八尾寺内を中心として―』八尾市教育委員会（一九八八）

西辻豊『八尾の道標』八尾市郷土文化協会（一九八一）

脇田修『日本近世都市史の研究』東京大学出版会（一九九四）

このうち内田著、櫻井著については、例えば近鉄八尾駅下の市民サービスコーナー等で入手可。西辻著については八尾市立図書館に現物はありますが、現在入手可かどうかはわかりません。なお次の拙文を参照頂ければ幸いです。

金井年「八尾市・久宝寺—寺内町と地場産業—」野外歴史地理学研究会編『近畿を知る旅—歴史と風景—』ナカニシヤ出版(二〇一〇)

近世河内の水環境
―大和川を中心に―

市川秀之

はじめに

私は自分の大学（彦根にある滋賀県立大学）では民俗学のゼミをもち、博物館学なども担当しています。このような現在の状況から申しますと、テーマにあげました近世そして河内というテーマはあまり似つかわしくないのですが、二〇〇六年に今の大学に赴任しますまでは、大阪狭山市教育委員会に勤務し、長い間狭山池のダム工事にともなう総合的な文化財調査を担当していました。調査は一三年と非常に長くかかりましたが、それが終わりましてからは大阪府に派遣され、大阪府立狭山池博物館で学芸員をいたしました。そのような仕事を通じまして、近世だけではありませんが、土木技術の歴史や水利に関心をもち、博物館でも大和川の展示などをいたしました。そのほかにも研究会に入れていただいて大和川の研究をしておりました。二〇〇四年がちょうど大和川付け替え三〇〇年ということで、関西大学の西田一彦先生や、大阪産業大学の玉野富雄先生といったいずれも土木工学の先生方が中心になった大和川研究会が組織されて、そこで他分野の人たちに刺激を受けながら研究をしたり、また大和川に関連する六つの博物館・資料館で大和川流域ミュージアムネットワークを組織して、共同で展示会をしたり、シンポジウムをしたりいたしました。幸いなことにこのふたつの試みはその後、本としてまとめることができました。

滋賀にまいりましてからは、近江の民俗に魅了されまして、このような研究からは少し遠のいておりましたが、先日『日本史研究』という雑誌で災害の特集がありまして、編集委員の方からのご要望がありまして近世の堤防の話を書きました。また二〇一一年から八尾市史編纂事業がまた始まりまして私は民俗の担当編集委員にしていただきまして、大阪経済法科大学の近くの集落にも最近よく調査にまいっております。そのようなわけで、河内という地域、あるいは土木や水利といった分野へのご縁が最近復活してきております。今回はさきほど本を紹介いたしましたが、これまでの研究成果をまとめながら、近世の大和川を中心とした中河内地域の水環境あるいは水利用の状況について発表させていただきたいと思います。

一　付け替え以前の中河内と治水

大和川付け替えの件については、みなさますでにご存じの通りです。宝永元年(一七〇四)の二月から一〇月にかけてわずか八か月の工期で、現在の柏原市の築留から堺と住吉の間の浜まで長さ一四キロメートルの人工河川が作られました。その前史として、中甚兵衛という人がずいぶん苦労して陳情活動を続けたということもいわれておりまして、大阪では小学校の授業のなかで学習することも多いようです。ただ今日は付け替えそのものには触れずに、その前後で水環境がどのように変化したのかについて述べたいと思います。しかしながら、付け替え前の状況というのはなかなかよくわかりません。もちろん付け替え前の大和川というのは玉串川と久宝寺川にわかれて、玉串川のほうは深野池・新開池といったいくつかの大きな沼をへてふたたび久宝寺川と合流し、さらに淀川に合流をして大阪湾に注いでいたのですが、いつごろからこのような状況であったのかはなかなかわからないのです。大阪とくに中河内地区というのはたとえば南河内の金剛寺や観心寺、あるいは泉州の久米田寺のようなお寺にたくさんの史料が残っているような状況ではありません。当然もとは史料がたくさんあったと思われますが恐らくは戦乱や天災のためにその多くが失われているのです。また大和川付け替え以前の、つまり近世前期の資料も多くはありません。そのようななかで残された断片的な資料から当時の水環境について考えていきたいと思います。

このような問題を考えるときにまず参考となるのは絵図類です。とくに参考になりますのは「摂津河内国絵図」（石川家蔵、『大和川付替えと流域環境の変遷』に写真所載）と呼んでおりますもので、個人の方がお持ちのものです。この絵図の成立年代はわかりませんが、当然のことながら大和川付け替え以前の一七世紀のものです。渡辺武先生の御研究では一七世紀前半の成立とされております（「新出の摂河絵図について」『きょうどしいくの』12）。またこの絵図には非常に詳細に当時の河川の状況が記載されております。とくに注目されますのは黒い線で当時の堤防が記載されていることです。このように広域で堤防を描いた絵図は非常に珍しいもので貴重な史料です。恐らくは当時の河川管理を目的として作成された絵図と考えられます。当時の絵図は縮尺などは正確ではありませんので一見適当に描いているようにみえますが、細かい部分については正確に描写しております。たとえば玉串川と久宝寺川が分岐します場所には、二重堤がありましたが、これは久宝寺川に多くの水を流すために作られたものです。ところが「堤切所付箋図」という史料によるとこの二重堤は延宝二年（一六七四）の洪水によって破壊され、以後玉串川への水の流入が増加し、それが洪水の頻発に結びついたとされています。「摂津河内絵図」にはこの二重堤もちゃんと描かれております。さてこの「摂津河内絵図」を中河内地域を中心にみていきましょう。

この大学があります場所より少し西側にありますのは恩智川、そのさらに西側に玉串川が流れています。先にも申しました通り黒い線で描かれているのが堤防です。ところどころにある赤い点は恐らく川から水をとる井堰の箇所を示したものと思われます。この表記も水利研究の上では重要です。黒線で示された堤防を見ますと、恩智川・玉串川についてはほぼ全体に両岸に築かれていることがわかりますし、ところどころには二重になった場所もあります。ことに大切なのはさきほども言いましたように現在の柏原市の安堂付近で玉串川・久宝寺川が分岐する付近に作られた二重堤でこの二重堤で玉串川に流入する水量を調整していたものと思われます。ところが中甚兵衛の末裔の方がお持ちの中家文書「堤切所付箋図」という史料によると、この二重堤が延宝二年に破損したために玉串川に流れ込む水量が増え、その流域での洪水が増加したということが記載されております。このように玉串川・久宝寺川ではすでにこの時期に連続堤防ができていたわけですが、石川では不連続の部分がいくつかみられます。

ここで連続堤防・不連続堤防の話を少しさせていただきますと、現在のわれわれの感覚ですと河川の堤防というのは連続堤防が当然でございますが、このような状態になったのは明治のころでして、近世にはまだ不連続堤防がたくさんありました。これは河川の弱い部分にだけ堤防を築いて、河道が移動しないようにしたり、洪水時の被害を少なくするという目的のものです。図は滋賀県の愛知川《えちがわ》の明治二〇年代の地図から堤防を抜き出したものですが、これをみると明治時代でもたくさん不連続堤防があったことがわかります。

先日岐阜県の揖斐川町の歴史民俗資料館で揖斐川《いびがわ》の近世絵図を拝見いたしました。揖斐川というのは洪水が頻発するので有名なところですが、そのようなところでも絵図には不連続堤防が見られます。不連続堤防の場合は大雨で川の水量が増しますと当然水は堤防の外(堤内)にあふれ出します。そして水が引きますとまた川に流れ込みますので、このような状態ですと川の近くにはあまり人家を構えたりできず、また耕地を作っても水につくことが予想されるので遊水地のような土地が必要になります。土地利用の面では一見して不合理ですので堤防を連続させて川の水をその中に閉じ込め、堤防ぎりぎりにまで家をたてているのが現在の状況です。ところがこのようなことをいたしますと、水のもっているエネルギーは高まりますので、堤防が決壊したときには不連続堤防よりも遥かに大きな被害を生むことにもなります。また川は水だけを運搬するのではなく上流から土砂も運びますので、連続堤防にすると河川内に土砂がどんどん堆積していわゆる天井川の状態になり、さらに水害の危険性が増大するということにもなりまして、一概に連続堤防がよいというわけでもないのです。歴史の流れでいいますと、不連続堤防から連続

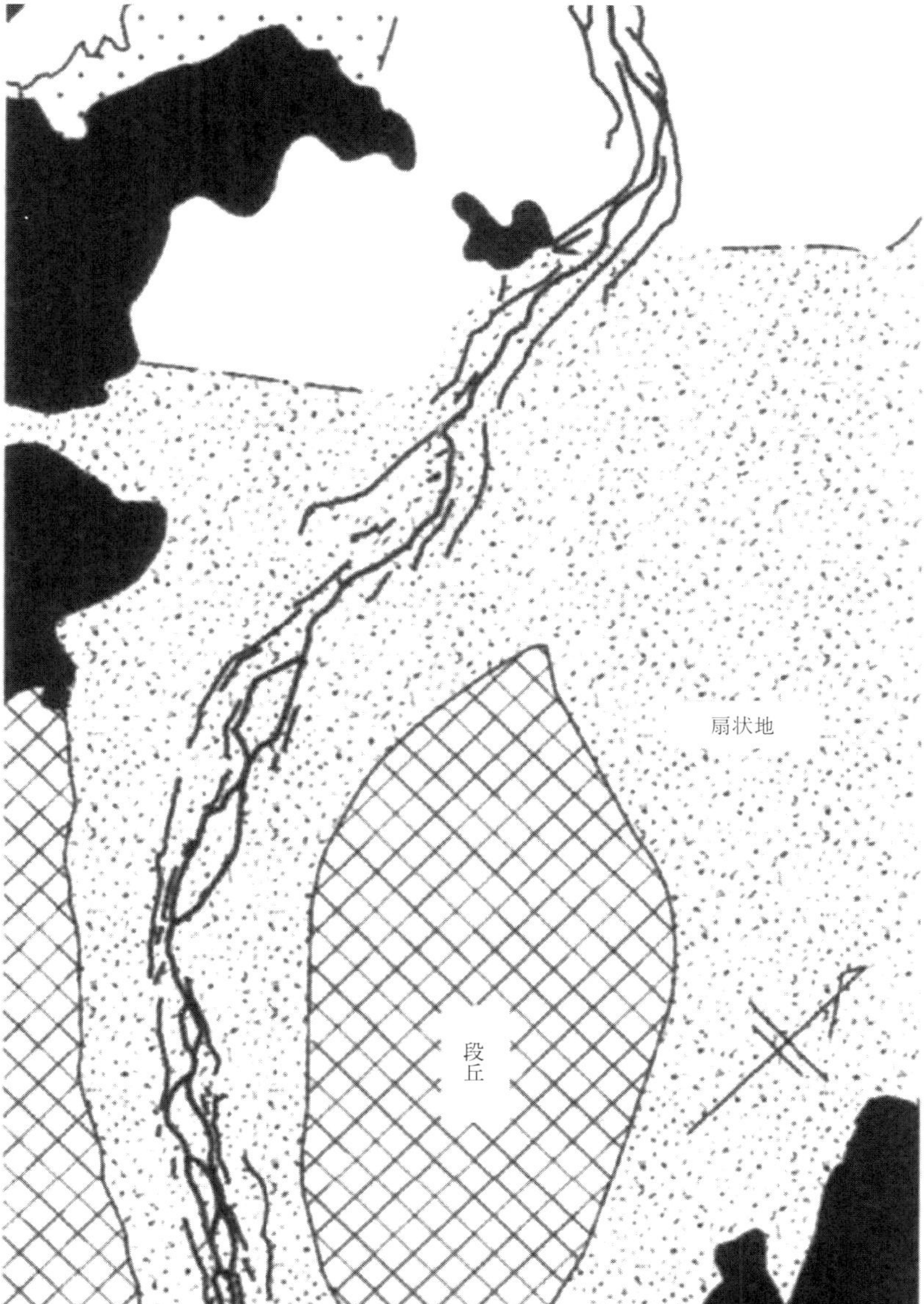

図１　明治中期の愛知川堤防(陸地測量図をもとに市川作図)

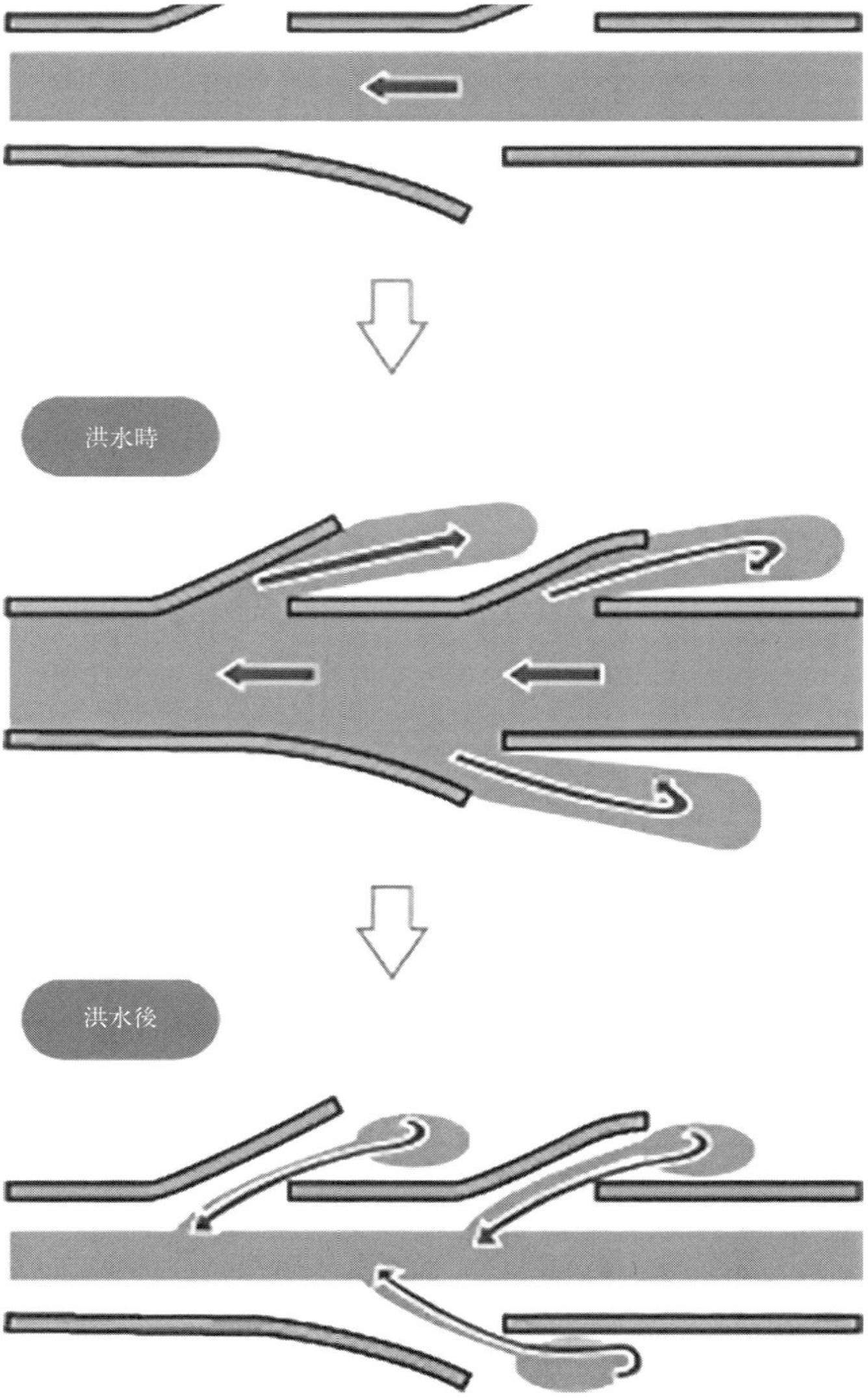

図２　不連続堤防

堤防へという流れであることは当然ですが、この移行は何百年もかけた緩やかな変化であったわけです。ところがこのあたりの旧大和川流域では近世前期にほぼ連続堤防が完成していたわけです。これは淀川についても同様で、大和川および淀川というのは当然のことですが、日本の土木技術史のなかでは特別な位置づけの河川であるということになります。

しかしながら先ほども申しましたように、堤防ができますとどうしても土砂が堆積して川の水位があがります。洪水が怖いのでまた堤防をかさ上げするという風にして天井川化を招き、さらに洪水の危険性を増大させるということになります。寺田寅彦に「災害は文明とともに進化する」（『天災と国防』）という言葉がございますが、河川の堤防をめぐる改修と災害の関係はまさしくそれを実証するわけです。大和川の場合ですと表の通り、延宝二年（一六七四）より急激に洪水が増加するということになり、これが大和川付け替えにつながっていくわけです。このような状況が大和川付け替え以前の治水状況ということになります。

表1　大和川の決壊

一、五拾年以前寅ノ年（寛永一五・一六三八）、吉田川筋堤切壱ケ所
一、三拾六年以前辰ノ年（承応元・一六五二）、吉田川筋堤切壱ケ所
一、拾四年以前寅ノ年（延宝二・一六七四）、玉櫛川筋・菱江川・吉田川・深野・新開表堤切三拾五ケ所
一、拾三年以前卯ノ年（延宝三・一六七五）、玉櫛川筋・菱江川・吉田川・深野・新開表堤切拾九ケ所
一、拾弐年以前辰ノ年（延宝四・一六七六）、玉櫛川筋・菱江川・吉田川・深野・新開表堤切拾ケ所
一、七年以前酉ノ年（天和元・一六八一）、玉櫛川筋・菱江川表堤切六ケ所
一、五年以前亥ノ年（天和三・一六八三）、玉櫛川筋・菱江川・吉田川表堤切三ケ所
一、去ル寅ノ年（貞享三・一六八六）、玉櫛川筋・菱江川・恩智川表堤切三ケ所　右之外、内堤之切所、数ケ所御座候
一、三拾八年以前（慶安三・一六五〇）、久宝寺川筋、八尾木村堤壱ケ所
一、去ル寅ノ年（貞享三・一六八六）、久宝寺川筋、荒川村堤切壱ケ所

※括弧内年代は市川追記
中家文書「堤所切所之覚」より作成

二　農業用水の変化

ついで利水について述べたいと思いますが、ここで問題としたいのは先ほどの絵図の時代、すなわち大和川付け替え以前の河内地域の水利用はいかなるものであったのかということです。水利用といってもさまざまなものが考えられますが、ここでは一応農業用水としての利用と、水運としての利用の二つについて考えてみたいと思います。

まずは農業用水の問題です。図3は付け替え以前の中河内・南河内の農業用水がどこから確保されていたかを大雑把に描いたものです。大雑把にはこの通りなのですが、細かく見ますと付け替え以前の治水状況を示す史料は少なくてなかなか復原は難しいものです。「八尾八ケ村用水悪水井路図」(『絵図が語る八尾のかたち』所載)という絵図は、付け替え以前の八尾市街地付近を描いた絵図ですが、久宝寺川には二か所の、また玉串川には一か所の樋が描かれ、これによって両川に挟まれた一帯の水田が営まれていたことがわかります。その水は最終的には「赤川悪水井地」に落とされていたようですが、これは現在の楠根川です。このように付け替え以前には久宝寺川、玉串川に樋を設けてそこから水を引いていたのです。またやはり付け替え以前の絵図である「久宝寺村絵図」にも久宝寺川に設けられた樋が描かれています。

この樋というのは河川をせき止めてそこから水をひくいわゆる井堰とは少し異なったもののようです。八尾市の跡部遺跡では久宝寺川の左岸での発掘で樋が出土しておりますが(『八尾市文化財調査研究会会報』昭和六二年度)、いわゆる池の樋のような木で作った箱状のパイプを堤防を切り開いて埋め込んだものです。あるいはこの段階である程度河川の堆積が進んでいたとしたなら、この樋は堆積物の下に埋められ、いわゆる伏流水を集めるような性格をもっていたのかもしれません。実はこのように天井川化した堤防の下にパイプを突っ込んだような樋は、現在でも私がおります滋賀県ではたくさんみることができ、埋樋などと呼ばれています。一般的に大和川のような大河川をせき止めて水位をあげて水を引くことは大変難しい技術です。コンクリートがない時代ですから、木の杭を打ってそれを利用して土嚢を積んだり、技術が進みますと石組みによってせき止めたりするのですが、洪水のために流されたり、また普段の水量も多い河川では工事そのものが困難で、一般的には大河川を水利に利用できるようになったのは近世中期以降と思われます。天井川の下にパイプを入れて伏流水を集めるほうが技術的には簡単であったと思われます。ともあれこのようにして現在の八尾市の平野部などでは、久宝寺川・玉串川から水路を引いて水田を営んでいたのです。もちろんこのような状況は大和川の付け替えによって一変いたします。

かつての久宝寺川や玉串川には人工的な堤防のさらに外側に自然堤防が広がっておりましたが、この部分は新田として開発されていきました。かつての堤防のあとは現在ではほとんど残っておりませんが、お墓や神社などとして利用されていた場所はなかなか掘削しにくいので元の高さのまま残っております。写真1は都留美嶋神社の部分です。自然堤防の部分は都市化が進んだ現在でも注意深く歩くと、高低差があって知ることができます。新田にはもちろん用水が必要ですし、かつて久宝寺川や玉串川から水を引いていた水田でも当然用水が必要ですので、かつての川の真ん中付近を用水路として、新しい大和川から水を引いてこれらの水需要に対応いたしました。これが有名な築留用水です。現在の柏原市築留に取り込み口を作り、二つの川にほぼ対応した水路を作って、これは現在も立派に機能しております。このように平野部においては、付け替え以前は旧の大和川からの水を農業に利用し、付け替え以後は築留用水によって灌漑をおこなってきたのです。

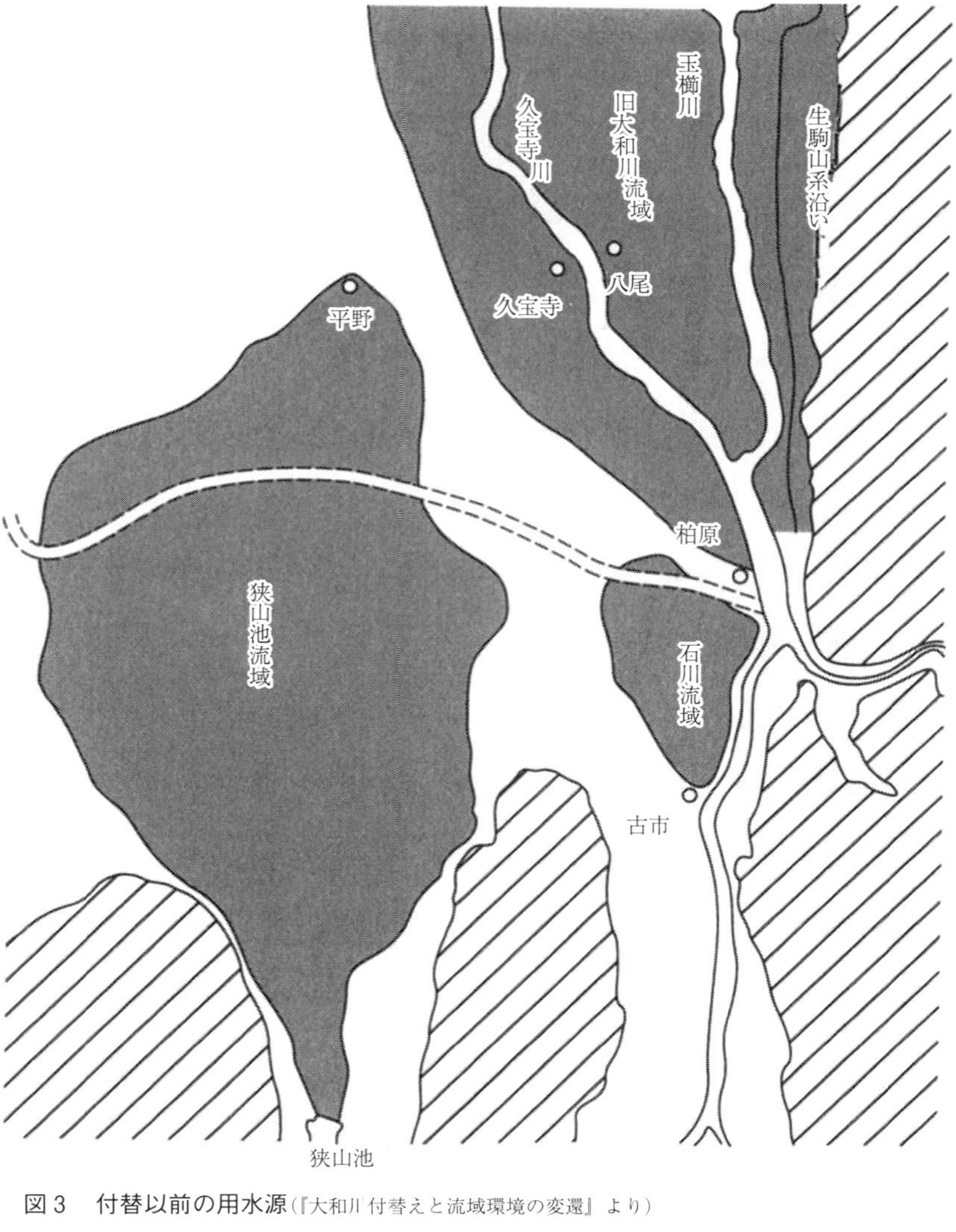

図3　付替以前の用水源（『大和川付替えと流域環境の変遷』より）

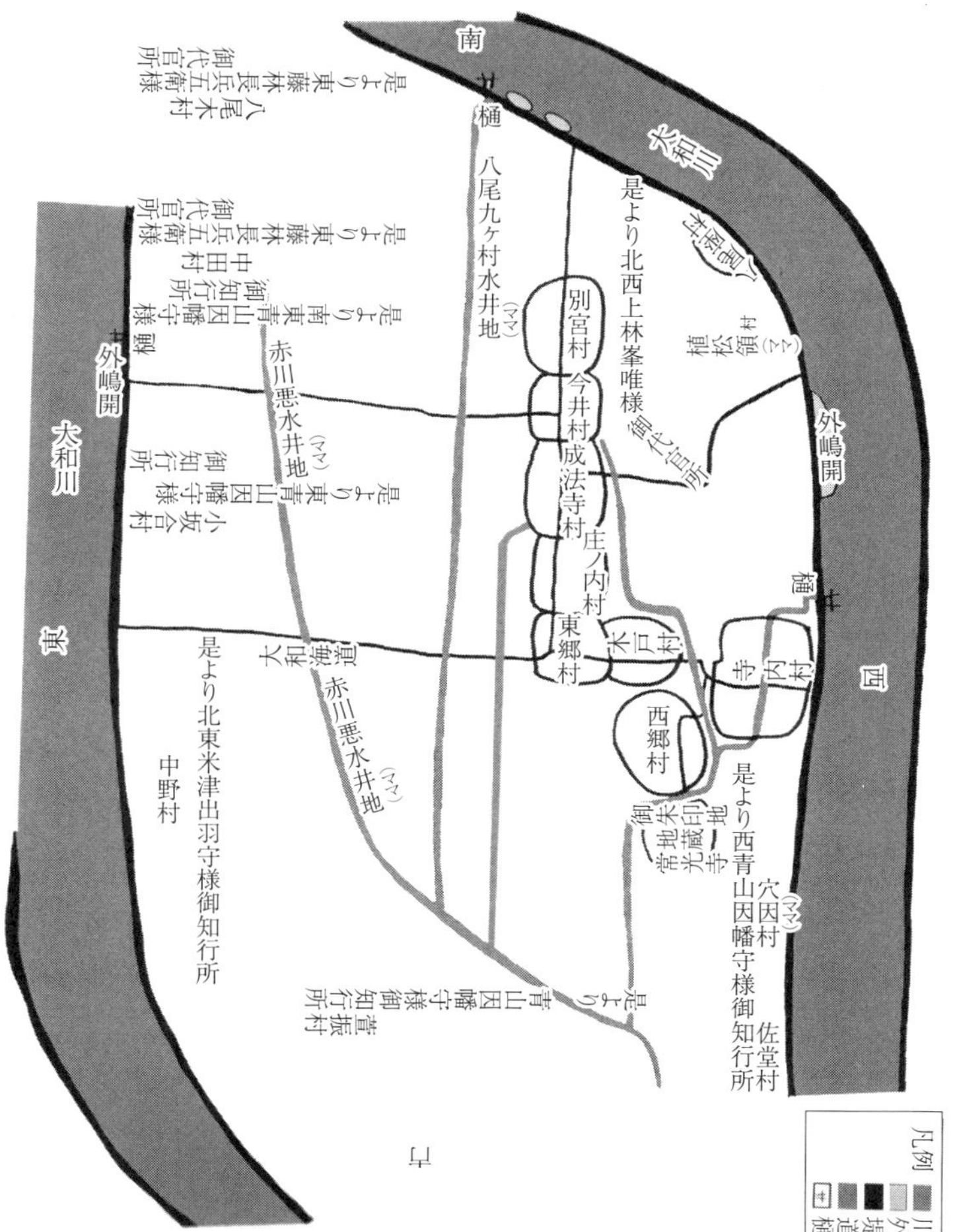

図４　八尾八ケ村用水悪水井路図トレース図（『絵図が語る八尾のかたち』より）

写真１　都留美嶋神社の旧堤防

それでは玉串川よりも東側の、生駒山地にそった場所、たとえばこの大学の周辺では農業用水はどのように確保したのでしょうか。この地域では恩智川から水を引く地域もありましたが、その面積は少なく、大きな比重を占めたのは生駒山地の谷を流れる谷川の水であったと思われます。ところが生駒山地というのはそれほど深い山ではありませんので、谷川の水もそれほど豊かとはいえません。現在では山は鬱蒼と茂っておりますが、これは最近の姿でかつては里山として麓の集落に利用されていました。燃料として薪の伐採が盛んにおこなわれており、下草も肥料などのために刈られておりました。大和川付け替え以前の近世初期は、戦国から大坂の陣にかけて大坂周辺は何度も丸焼けになっておりますので、近世前期は空前の建築ブームで材木の伐採も盛んに行われていました。またお城や屋敷の造成のために石もたくさん採掘されておりましたので、生駒山地ははげ山に近い状態であったと思われます。

このような状態ですと大雨のときには土砂とともに激流が麓を襲いますが、普段は谷川の水量もそれほどたくさんは期待できません。それを補ったのが溜池でして、生駒山地の谷筋にそった場所にはおびただしい数の溜池が作られています。溜池は村が持っているもの(これを総池と呼んでいます)と個人でもっているものに分けられます。個人池は規模が小さいものが多くて、水田一枚一枚に附属したものなどもあります。現在では水田が減りましたので溜池も使われなくなっていますが、やはり谷筋に少し入りますとたくさんの溜池が残っておりこのあたりの景観の一つの特色となっています。このように玉串川より東側では一部を恩智川、そして大半を谷川と溜池でまかなっていたものと思われます。この地域は付け替えの影響を受けておりませんので、このような状況は大和川付け替えによって変化はしておりません。

三　舟運の変化

以上が、農業用水の変化でございます。続いて近世の中河内地域の水運が付け替えによってどのような影響を受けたのかを考えてまいりたいと思います。水運というものは、現在ではほぼ海上輸送の問題と思われておりますが、明治になって鉄道が普及するまでは河川水運が非常に大きな比重を占めておりました。少し重たいものでしたら船に依存しないとその運搬は困難であり、舟運の存在がその地域の産業の状況を左右したといっても過言ではないのです。たとえば酒などは大きな樽に入れて運びますし、原料の米も重たいものですから、大生産地はいずれも舟運を前提にしております。近世の始めには伊丹や池田が酒の大生産地でしたが、これは猪名川の舟運を利用した

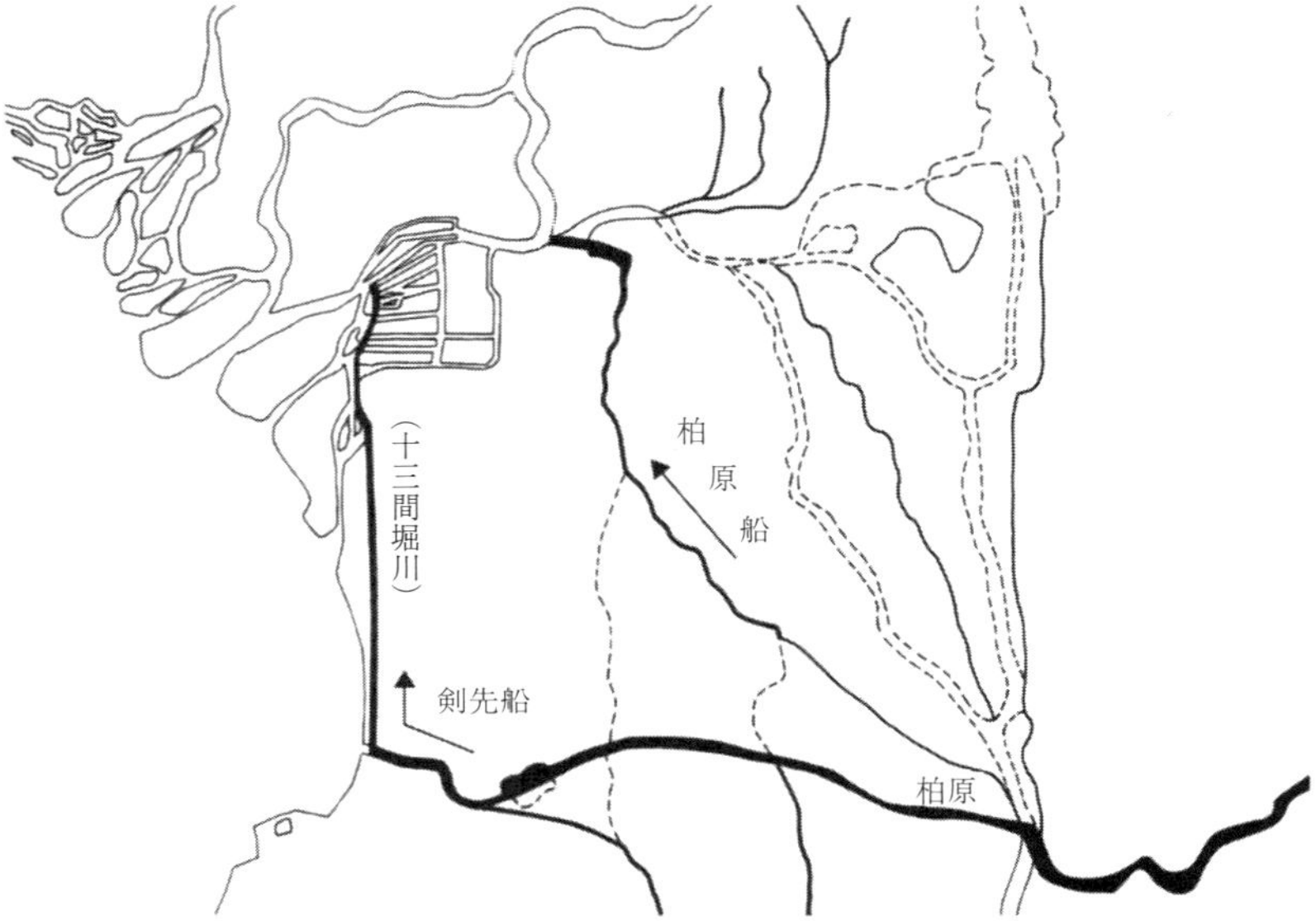

図５　大和川の舟運

ものでした。ところが猪名川の河床が上流の開発などによって段々と上昇して船が通りにくくなり、段々とこの両都市の酒造業は衰えます。それに代わって大生産地となったのが直接海に面した灘であったわけです。もう一つの大生産地である伏見は、淀川に面した港湾都市で、近世初期には高瀬川などの水路整備もされていたためにその繁栄を続けることが可能であったわけです。

話がそれましたのでふたたび中河内に戻しますが、この地域の水運は当然のことながら天下の台所である大坂とこの中河内地域を結ぶものですが、それだけではなくて大坂と大和を結ぶ機能も持っておりました。実はこれはなかなか困難なことで、大和川の付け替えの前でも後でも柏原付近までは船で行けましたが、そこから上流の大和と河内の境界でありますす亀ノ瀬については流れが速く、大きな岩がごろごろとしておりましたので船では通れませんでした。したがって大坂から船で上がる場合にも、柏原付近で一旦船をおり陸路で峠を大和に越える必要があったのです。そのためたとえば米俵や大きな樽にはいったお酒、あるいは岩石や材木などといった重量物を運搬するときには大変な労力を要したのです。柏原からは峠を越えて、現在の三郷町からまた小型の船で奈良盆地の各地に輸送をいたしました。このような水運上の条件は近世の大和の産業の発展の大きな障害となりました。

まずは大和川付け替え以前の舟運の状況ですが、大きくわけてこの地域には平野川を運航していた柏原船と、旧大和川の剣先船がありました。平野川の下流は大阪城の東側で淀川に合流しますが、現在の平野の町から東側は了意川と呼ばれており、この部分は人工河川の可能性があります。この川は久宝寺の安井了意によって掘削されたといわれています。安井一族の道頓によって道頓堀が開削されたといわれており、中河内には低湿地であったため排水技術を中心とした土木技術の伝統があったようです。

元和六年（一六二〇）に大和川は大洪水にみまわれ、柏原の町は大被害をうけました。当時の代官であった末吉長方は柏原に新しい町を作り、柏原船を経営させて町の復興を計画しましたが、これはうまくいかなかったようです。そのあと寛永一〇年（一六三三）にも再び大洪水で柏原では四〇～五〇軒の家が流され、三六人が死亡しています。このときにようやく柏原船の営業が認められました。つまり柏原の町というのはある種の港町で、その歴史は大和川の水害と深くかかわっているわけです。柏原船は平野川を利用して大坂と柏原を結んでいました。これに対して旧大和川筋には剣先船といわれる船が往来していました。これは寛永一五年（一六三八）に正式に認められたもので、その当時は大坂の業者が一五〇艘、古市が八艘、石川筋の村々で一八艘の計一七六艘の船でした。のちに今は柏原市になっている国分村も三五艘の剣先船を営業することを認められています。剣先船は大坂と河内・大和を結ぶ重要な水運でありましたので、後にさらに大坂の豪商尼崎又右衛門が一〇〇艘の営業を認可されています。このほか在郷剣先船といって、中河内の村々が地元近くの水路や深野池などで運航するものもありました。当然、宝永元年（一七〇四）の大和川付け替えによって、剣先船は大きな影響を受けます。旧大和川はなくなりましたので、新大和川を通るようになりました。また海岸線と並行するように新たに十三間堀川という川が掘られて、剣先船はここを通るようになりました。わざわざ海と並行して水路を掘削するのは、剣先船のような川用の小型船では海を運航することは危険であるためです。また旧大和川跡に作られた築留水路にも小さな運搬船が走るようになっています。

このように大和川水系の水は農業用水として重要であったばかりではなく、水運の上でも大きな機能を果たしていました。これらの水運はいうまでもなく明治以後鉄道が整備されることによってその歴史を終えたわけです。

おわりに

近世の河内は農業生産力においては日本有数の地域で、ことに綿を中心とした商品作物も早くから作られていました。大和川の水は用水と運搬の両面でこの生産力を支えていたのですが、その反面大和川は度重なる水害によってこの地域に大きな被害を与えることもあったわけです。かつては今米村の中甚兵衛は水害から中河内の村々を護るために幕府に陳情を繰り返したことが強調されていましたが、近年ではそれに加えて大和川付け替えの背景にさまざまな要素が存在したことが指摘されています。

一つは当時の大都市大坂を水害から守るという要素。これは大和川と淀川は大坂城の東で合流しておりましたし、当時の淀川は今の中之島を通っておりましたので、大坂はたびたび洪水の被害を受けました。大和川付け替えとは、大和川と淀川の分離工事であり大阪の洪水被害を軽減することに直結しておりました。

今一つの意味は、旧大和川およびそれが流入していた沼の新田開発です。先にも述べましたように旧大和川沿いには深野池、新開池などの大きな沼が存在しましたが、これらは縄文時代には海の一部で、やがて上町台地からの砂州が伸びると河内湖となり、歴史のなかで段々浅くそして面積も小さくなっていったものですが、それでも近世初期には大変な面積でした。大和川を付け替えしますと、これらの池が乾燥しますので、そこに新田を作ったわけです。それらの開発にあたったのは鴻池・住友・三井といった当時の都市資本でした。このように考えますと大和川の付け替えという歴史的な出来事の背景に、さまざまなものが見え隠れすることがわかります。

付け替えの結果、中河内は大きく変貌し、広大な耕地が広がるようになりました。その場所が今、住宅地となっているのですが、防災ということを考えるときには、自分たちが住んでいる場所の歴史性を考えることが重要です。付け替え前の大和川について考えることには大変な今日性があると思います。

［参考文献］
大和川水系ミュージアムネットワーク編『大和川付け替え三〇〇年　その歴史と意義を考える』雄山閣（二〇〇七）
西田一彦監修『大和川付替えと流域環境の変遷』古今書院（二〇〇八）
市川秀之「近世河川堤防の技術史―畿内近国の例から―」『日本史研究』五九七号（二〇一二）
渡辺武「新出の摂河絵図について」『きょうどしいくの』一二（一九八八）
八尾市立歴史民俗資料館『大和川つけかえと八尾』（二〇〇四）
八尾市立歴史民俗資料館『絵図が語る八尾のかたち』（一九九九）

近鉄八尾駅周辺における大型店の立地変化と中心商店街の変容

安倉良二

はじめに―新旧の駅をはさむ商業地域―

大阪経済法科大学（以下、経法大）がある八尾市を、現代の都市、とりわけ市民の消費と深く関わる商業と地域の関わりから捉える場合、中心商業地である近鉄八尾駅周辺に注目する必要があります。現在、近鉄八尾駅の北側には、「西武百貨店八尾店」（以下、八尾西武）と「アリオ八尾」という二つの大型店が立地しており、八尾市のほか東大阪市や柏原市など隣接する都市からも多くの買い物客が訪れています。これに対して、「ファミリーロード」の愛称をもつ中心商店街は近鉄八尾駅の南側にあるものの、その位置は現在の駅からやや西にずれています（図1）。中心商店街の商業活動は衰退を続け、「シャッター通り」と呼ばれるほど活気を失っています。

八尾市の中心商業地が駅をはさんで形成された背景として、現在の近鉄八尾駅（以下、新駅）が一九七八年に高架工事が完成されると同時に、従来の駅（以下、旧駅）から移転してできた点があげられます。近鉄八尾駅の移転前後で中心商業地はどのように変化して現在に至るのでしょうか。本章では、八尾市における中心商業地の変化について、新旧の近鉄八尾駅をはさんで北側（大型店からなる新しい商業地域）と、南側（中心商店街からなる古い商業地域）に分けて述べます。それにより、現代の都市商業からみた八尾市の地域性を人文地理学の視点から明らかにすることを目的とします。

一　近鉄八尾駅北側における大型店の立地変化―近鉄八尾駅前土地区画整理事業との関連で―

高度経済成長期である一九六〇年代以降の日本における商業の変化を象徴するのが、セルフサービスで生活必需品を安い値段で販売するスーパーの出現です。スーパーは、需要を求めて大都市の内部から人口が増加する近郊都市に出店先を広げ、大型店を出店して既存の商店街から買い物客を集め、売上高を上げることで成長を遂げました。大都市の近郊都市における大型店の出店は一九七〇年代に入ると、スーパーのほか、大都市都心部での出店を続けてきた百貨店の間でもみられるようになりました。大阪市に隣接する八尾市も例外ではなく、一九六〇年代後半以降、近鉄八尾駅周辺にスーパーと百貨店の出店が相次ぎました。

近鉄八尾駅周辺における大型店の立地時期は、次の二つの時期に分けることができます。第一の時期は、大手スーパーが相次いで進出した一九六〇年代後半から一九七〇年代までです。一九六八年、旧駅北口に「シロ」（後のジャスコ。現在はイオン）が出店したのをはじめ、ダイエーグループのサカエが一九七一年に「ショッパーズ八尾店」の名称で旧駅北側の住宅地に出店しました。その後も、旧駅北側には西友、ニチイ（後のマイカル。現在はイオン）がそれぞれ、一九七四年と一九七七年に出店しました（図1、表1）。

当時の大手スーパーが旧駅北側に大型店を出店するようになった理由として、中心商店街があり、建物が密集していた南側に比べて、水田や空き地も残されていたために、広い出店用地が確保できたことが考えられます。もっとも、一九七九年の『商業統計表』から旧駅北側の商業活動をみると、南側のそれをしのぐ段階には達しません（表2）。しかしながら、旧駅北側における大型店の出店は、近隣住民の買い物において、近鉄大阪線を隔てて立地

図１　近鉄八尾駅周辺における商店街と大型店（スーパー・百貨店）

注１）：大型店の番号とその属性については、表１を参照して下さい。
注２）：近鉄八尾駅から旧駅に至る高架下には、ペントモール商店街があります。
八尾市役所のホームページおよび東洋経済新報社『全国大型小売店総覧（1992年版、2012年版）』、商業界『日本スーパーマーケット名鑑』、住宅地図より作成

する中心商店街への流出を食い止める役割を果たしつつあったと推察できます。

第二の時期は、新駅が完成した後の一九八〇年代以降を指し、前述の八尾西武（一九八一年開店）とアリオ八尾（二〇〇六年開店）が出店しました。両者の出店には四半世紀の隔たりがありますが、八尾市における商業活動に大きな影響を与えた出来事である点では共通します。以下では、両店舗の出店過程について、新駅の設置につながる近鉄八尾駅前土地区画整理事業（以下、区画整理事業）との関わりをまじえながら説明します。

八尾市が近鉄八尾駅の移転を伴う区画整理事業を行う計画を打ち出したのは、一九六九年一月のことです。もともと八尾市は、一九六八年三月に旧駅前においてビルと広場からなる再開発事業を計画

表１　近鉄八尾駅前における大型店（大型スーパー・百貨店）

	番号	大型店の名称	売場面積（m²）	開店年	閉店年	備考
現存する大型店	①	イオン八尾御坊前店	4,136	1975	現存	マンション１階への入居。
	②	八尾西武	37,536	1981	現存	近鉄八尾駅前区画整理事業の商業施設。
	③	アリオ八尾（イトーヨーカ堂）	41,000	2006	現存	イトーヨーカ堂によるコクヨ八尾工場跡地の再開発。
閉鎖した大型店	④	ジャスコ八尾店	3,300	1968	1975	ファミリーロードに移転（店舗番号①）。
	⑤	ショッパーズ八尾店（サカエ）	6,800	1971	1999	ダイエーのディスカウント店「トポス」への業態転換を経て閉店。
	⑥	西友八尾店	8,700	1974	1988	西友は八尾西武に開店当初、テナント出店していた。
	⑦	八尾サティ（ニチイ八尾店）	10,447	1977	2007	従前はボウリング場。

注：店舗の分布については、図１を参照して下さい。
東洋経済新報社『全国大型小売店舗総覧（1992年度版、2012年度版）』、商業界『日本スーパー名鑑（各年次版）』、住宅地図より作成

していました。しかし、この計画案に対して、事業費の高い負担を求められた地権者からの強い反発があったために、八尾市は再開発事業を断念しました。区画整理事業は、八尾市が再開発事業の代替案として打ち出したものであり、新駅北側の土地約三六・五ヘクタールを対象に、一九七一～一九八三年にかけて行われました（八尾市都市整備部　一九八四）。従来、水田とコクヨ八尾工場（一九六一年操業開始）が主な土地利用であった区画整理事業区域には現在、後述する大型店のほか、オフィスビルや高層マンションが建ち並んでいます。また、一九八八年には八尾西武の隣に、「プリズムホール」の愛称をもつ八尾市文化会館も完成しました。こうした施設が相次いで立地したことにより区画整理事業区域は、八尾市の新たな玄関口としての役割を果たしています。なお、区画整理事業と同時に行われた近鉄大阪線の高架化工事に伴ってできた新駅から旧駅に至る高架下には、「ペントモール」の名称で新たな商店街が作られました。また、旧駅のホーム跡は公園として再整備されています。

区画整理事業区域でショッピングセンターの出店計画があ

らわれたのは一九七三年頃です。その核店舗に選ばれたのは西武百貨店でした。西武百貨店は、商店街組織をはじめとする八尾市の商業関係者との間で出店調整を重ねた上で、一九七八年五月に開発業者との間で賃貸契約を結びました。[1] それからちょうど三年後、西武百貨店は開店しました。東京に本拠を置く西武百貨店は、一九七〇年代中頃から関西への出店を始めました。八尾市への西武百貨店の出店は、高槻市（一九七四年開店）、大津市（一九七六年開店）に次いで関西では三か所目になります（橋本　一九九一）。新駅から八尾西武までは立体歩道橋を通じて直接入店することができました（写真1）。八尾西武の出店は新駅完成に伴い、近鉄大阪線を利用した買い物客の増加も相まって、近鉄八尾駅北側における商業活動を盛んにしました。しかし、それとは対照的に、新駅から遠く離れた中心商店街では、八尾西武に買い物客を奪われて来街者が減少した結果、後述するように商業活動の衰退が次第に深刻さを増しました（表2）。

区画整理事業区域における新たな大型店の出店計画は、八尾西武の開店から二一年後の二〇

表2　近鉄八尾駅前における商業活動（1979～2007年）

a）近鉄八尾駅南側周辺商店街（ファミリーロードを含む）

年次	店舗数	従業者数	年間商品販売額	売場面積
1979	285	1,065	12,113	17,372
1982	279	1,049	13,393	18,217
1985	228	848	11,011	17,264
1988	223	994	14,510	15,443
1991	219	857	13,613	15,187
1994	200	754	12,135	20,063
1997	226	822	11,711	19,880
2002	163	720	8,016	11,633
2004	199	989	12,545	15,547
2007	124	572	7,026	10,385

b）近鉄八尾駅北側商店街（八尾西武・アリオ八尾を含む）

年次	店舗数	従業者数	年間商品販売額	売場面積
1979	102	531	8,874	12,117
1982	192	1,992	43,250	64,120
1985	204	2,018	52,925	65,705
1988	174	1,683	55,043	59,186
1991	214	1,777	72,434	59,969
1994	221	1,710	60,699	62,152
1997	236	1,742	55,247	59,814
2002	172	1,468	32,023	55,710
2004	150	1,253	31,793	55,710
2007	317	2,843	35,344	65,939

注1）年間商品販売額の単位は百万円、売場面積の単位はm^2です。

注2）1979年の「近鉄八尾駅南側周辺商店街」は、「本町付近商店街」と併せて集計しました。

注3）2007年の「近鉄八尾駅北側商店街」は、「アリオ八尾」と併せて集計しました。

『商業統計表（立地環境特性別集計編）』より作成

写真1　近鉄八尾駅前の立体歩道橋からみた八尾西武
（2011年2月・筆者撮影）

〇三年にあらわれました。そのきっかけとなったのが、コクヨ八尾工場の閉鎖です。コクヨは八尾工場で四〇年以上にわたって紙製品を生産していました。しかし、少子化や不況により、文具業界を取り巻く経営環境が厳しくなっており、コクヨも例外ではありませんでした。コクヨは企業としての生き残りを図るために八尾工場を閉鎖し、その生産機能を滋賀県秦荘町にある既存の工場に集約することを決めました。同時に、コクヨは八尾工場跡地の利用案を外部に公募しました。

翌年六月、コクヨ八尾工場の跡地利用案として採用されたのが、大手スーパーのイトーヨーカ堂によるものでした。すでに八尾市に隣接する東大阪市に出店していたイトーヨーカ堂は、他の大型店との差別化を図るためにスーパー以外に専門店や飲食店、娯楽施設もテナントに含めた大型ショッピングセンター「アリオ」の開発を始めていました。イトーヨーカ堂は、約八万平方メートルの敷地面積をもつコクヨ八尾工場の跡地を有効に活用するためにアリオによる出店を決め、それは二〇〇六年一二月に開店しました[2]。関西におけるアリオの第一号店であるアリオ八尾は、核店舗のイトーヨーカ堂に加え、約一八〇店の専門店、飲食店を有するテナント「アリオモール」と一二個のスクリーンをもつシネマコンプレックス（複合映画館）「ＭＯＶＩＸ八尾」から構成されています。また、約二五〇〇台の収容が可能な駐車場を併設することで、自動車を利用した買い物客の来店にも対応しています。アリオ八尾と八尾西武の間は立体歩道橋で連結されており、近鉄大阪線を利用した買い物客も新駅から八尾西武を経由してアリオ八尾へ向かうことが可能です。自動車と鉄道、いずれの交通機関を利用しても買い物を行うことが可能な新駅周辺の区画整理事業区域はアリオ八尾の開店に伴い、商業地域としての性格を一層強めました[3]。

新駅北側とは対照的に、前述した旧駅北側では大型店の相次ぐ閉鎖に伴う商業活動の衰退が顕著です。八尾西武開店後、旧駅北側の大型店で最も早く閉店したのは西友（一九八八年）です。当時の西友は、八尾西武の食料品売場にもテナントとして出店していました（橋本　一九九一）。西友八尾店は、広い範囲から買い物客が集まる八尾西武との間で売上高の格差が生じた結果、開店からわずか一四年での閉鎖を余儀なくされたと考えられます。また、サカエは親会社のダイエーが経営するディスカウント店「トポス」への業態転換を経て、一九九九年に閉店しました。さらに、アリオ八尾の開店から間もない二〇〇七年二月には、ニチイ八尾店から名称変更された「八尾サティ」が閉店しました。これらの大型店は閉鎖後に建物が取り壊され、マンションや病院に建て替えられました。そのため、現在では閉鎖された大型店の跡地を訪れても、出店当時の面影は残されていません。また、大型店の周辺にあった近鉄八尾北商店街や中央通も空き店舗が増え、商店街としての性格が薄れています。二〇一二年に開設された経法大の八尾駅前キャンパスも、以前は八尾サティの駐車場でした（図1）。ここからアリオ八尾を眺めなが

写真2　大阪経済法科大学八尾駅前キャンパスからみたアリオ八尾
（2012年3月・筆者撮影）

写真で撮影した範囲は、近鉄八尾駅前土地区画整理事業の区域です。区画整理事業が施工される前（1960年代まで）は水田が拡がる中、アリオ八尾が立地する場所にはコクヨ八尾工場がありました。

ら近鉄八尾駅北側における大型店の立地変化を振り返ると、商業環境の変化がいかに激しいものであるのかを感じずにはいられません（写真2）。

二　中心商店街（ファミリーロード）の変容と「まちづくり」の取り組み

八尾市の中心商店街は、「八尾御坊」の愛称で市民に親しまれている真宗大谷派八尾別院大信寺（以下、大信寺）の東側にある御坊前通りと、表町通りの北側から旧駅に通じる沢の川（さのかわ）商店街および元町通りの三つからなります（棚橋　二〇〇九）。これらの通りおよび隣接する街路には、大信寺のほか、常光寺、西願寺、観智坊という三つの寺院も分散立地しており、寺内町の面影が残された地域ともいえます。中心商店街には一九五〇年代後半からアーケードが架けられ、雨の日でも傘を差すことなく気軽に買い物ができる商店街となっていました（八尾市・八尾商工会議所二〇〇一、棚橋　二〇〇九)。中心商店街は、一九七八年に旧駅から常光寺前までの街路にアーケードが架けられると同時に、「ファミリーロード」という愛称がつけられて現在に至ります。中心商店街は、近鉄八尾駅の移転や周辺における大型店の立地をはじめとする商業環境の変化が進む中でどのように変容したのか、また商店街組織はどのように対応したのでしょうか。以下では、それらを明らかにするために、旧駅が玄関口として機能し、かつ中心商店街が賑わっていた一九七四年と、近鉄八尾駅の移転に伴って来街者の減少が続く二〇一二年の土地利用図を作成し、土地利用の変化とその背景を述べます(図2・3)。その上で、商業活動が衰退した現在の中心商店街の活性化を目指して行われる「まちづくり」の取り組みとその課題についても言及します。

1　一九六〇年から一九七〇年代前半―商店街が賑わっていた頃―

図2を手がかりに、一九七四年の中心商店街における土地利用の特徴を検討しながら、高度経済成長期の商業活動の実態を明らかにします。まず、前述した旧駅から常光寺前に至る街路の道幅は広く、自動車の往来も盛んであると共に路線バスも通じていました。街路の道幅が広い理由として、第二次世界大戦末期に防災対策として行われた建物疎開があげられます(4)。しかし、近鉄大阪線の高架工事完成に伴って駅が現在地に移転した一九七八年、この街路はアーケードの設置と共に歩行者専用道路となって現在に至ります(写真3)。

中心商店街の土地利用をみると、街路に沿って店舗が連続的に立地しているのが確認できます。店舗の業種構成からは、衣料品や呉服といった買回品店(5)から食料品店や飲食店に至るまで多岐にわたり、中心商店街としてあらゆる買い物客の需要に対応していたことがわかります。こうした中、一九六〇年頃の中心商店街に出店していたユニークな店舗のひとつに、農機具店があげられます。当時の八尾市内は、久宝寺や河内山本、高安など中心市街地

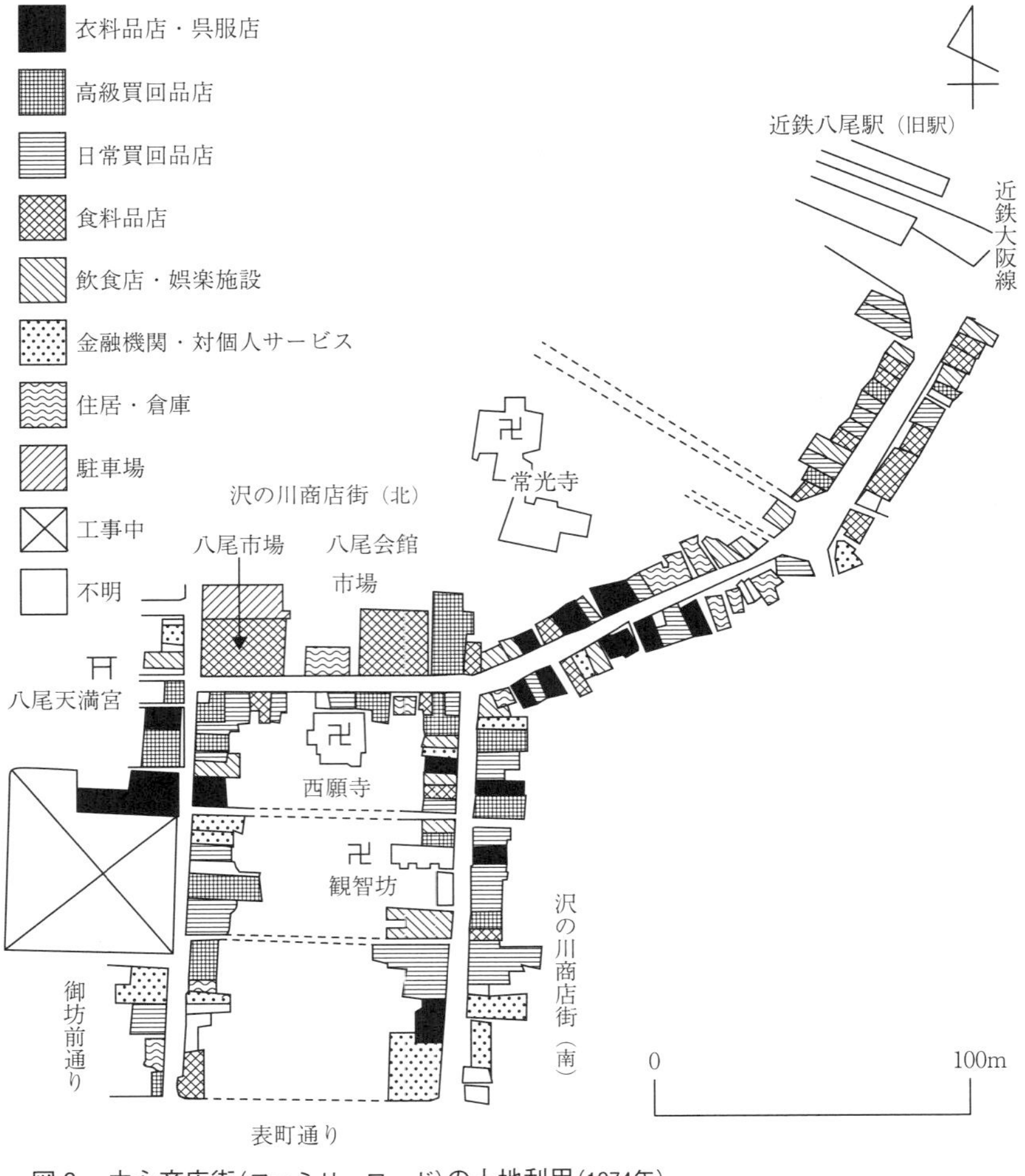

図2　中心商店街(ファミリーロード)の土地利用(1974年)
住宅地図および聞き取り調査より作成

写真３　中心商店街（ファミリーロード）の近鉄大阪線側入口（2011年２月・筆者撮影）

この街路は旧駅に面しており、近鉄八尾駅が東に移転し、アーケードが架けられる1978年までは自動車の往来もみられました。

の周辺に田畑が拡がっていました。農機具店は、これらの地域に住む農家の需要を背景に、八尾市全域から人々が集まる中心商店街に出店して脱穀機や耕耘機などを販売すると共に、農家から農機具が故障したという連絡を受けると、現場に駆けつけて農機具を修理するアフターサービスも手掛けていたということです[6]。

中心商店街における店舗の集積は、街路沿いだけでは説明できません。八尾天満宮に近接する「八尾市場」と「八尾会館市場」の二件の小売市場（こうりいちば）にも注目する必要があります。もともと小売市場は、ひとつの建物内に食料品を中心に日用品や衣料品の店舗を集めた施設であり、大正時代に大阪市内で「日用品供給場」の名称で設置されたのが始まりです（石原　一九八九）。第二次世界大戦後、一九六〇年代にかけて小売市場は八尾市を含む関西の諸都市で多く立地するようになり、買い物客にとって商店街沿いにある店舗と並ぶ生活必需品の代表的な購入先となりました（石原　一九九四、安倉　一九九八）。八尾市場と八尾会館市場は一九六〇年代前半に建てられ、約二〇店が入居していました。このうち、八尾会館市場は、映画館のみの建物を二階建てに改築したものであり、一階は小売市場、二階は映画館にそれぞれ利用されていました。[7] このように、中心商店街は日常の買い物の場にとどまらず、娯楽の場としても重要な位置を占めていたと考えられます。

中心商店街の賑わいを象徴するイベントの例を以下に示します。ひとつは、毎月一一日と二七日に御坊前通りで開かれる「お逮夜《たいや》市《いち》」です。明治時代以降、大信寺で行われる法要に合わせて開かれたお逮夜市は、多くの露店が並ぶ定期市として知られていました。お逮夜市で販売される商品は、生活必需品のほか農具や野菜の苗にも及び、八尾市の内外から買い物客が訪れていました（棚橋　二〇〇九）。もうひとつは、歳末の大売り出しです。とりわけ、大晦日である一二月三一日には、正月用品を求めて多くの買い物客が中心商店街に足を運び、元旦の未明まで客足が絶えませんでした。この賑わいについて、店舗経営者の間では、「一二月は三二日まである」という言葉がささやかれていたそうです。[8] さらに、七～八月の夕方には、八尾市の夏の風物詩である河内音頭をベースとした踊りのパレードも八尾市婦人会の有志によって行われました（棚橋　二〇〇九）。

2　一九七〇年代後半から現在―大型店の出店と商業活動の衰退―

中心商店街でみられた空間的な変化として、大型店の出店と店舗数の減少の二点が指摘できます。前者の例として、一九七五年にジャスコが旧駅北口から御坊前通りに移転したことがあげられます。ジャスコが出店した区画の一部は、一九六〇年代前半まで大信寺の境内に含まれていました。しかし、一九六五年頃に新たな区画が作られると、その一角に「ハイウェー」という名称のスーパーが出店しました。[9] ハイウェーは一九七〇年代前半に閉鎖したと考えられ、その跡地に建てられたマンションの一階に入居する形でジャスコは出店しました。ジャスコの売場面積は四一三六平方メートルに過ぎず、表1で示した他のスーパーに比べても小規模な店舗ですが、中心商店街の近隣住民を対象とする大型店として、店名がイオンに変更された現在もなお営業を続けています。

次に、後者に当たる店舗数が減少した時期は二つに分けることができます。第一の時期として、小売市場が相次いで廃業した一九八〇年代後半があげられます。一九六〇年代まで食料品の代表的な小売施設として買い物客に親しまれてきた小売市場は、一九七〇年代に入ると、資金力を生かして生鮮食料品の鮮度管理や幅広い品揃えに力を入れるスーパーとの競争に太刀打ちできなくなっていました。加えて、小売市場に出店していた店舗は来店者の減少に加え、個人経営のところが多いことを反映して、後継者不足にも悩まされていました。こうした商業環境の変化を強く受ける形で、八尾市場と八尾会館市場は一九八〇年代後半に営業を終了しました。八尾会館市場に併設されていた映画館も、娯楽の多様化に伴って来館者の減少が続いた結果、閉鎖されました。元号が昭和から平成に変わる頃、中心商店街における娯楽の拠点は小売市場と同じく、その歴史に幕を閉じたのです。現在、八尾市場と八尾会館市場の跡地はマンションに建て替えられており、小売施設としての面影は残されていません。

店舗数が減少した第二の時期は一九九〇年代以降、現在に至るものです。小売市場に入居していた店舗と同様に、中心商店街で営業を続けていた店舗も相次いで閉鎖されました。その対象は、食料品店のほか古くから営業を続けてきた衣料品店や日用品店などあらゆる業種に拡がっています。中心商店街の土地利用をみても、建物や店舗のテントを残しつつも、シャッターが下ろされたままであるものをはじめ、駐車場や空き地になっているところが目立ちます(図3)。アリオ八尾の出店により賑やかさを増す新駅北側とは対照的に、旧駅に面する中心商店街における商業活動の衰退は続いています。

3　中心商店街におけるまちづくりの取り組みと課題

ここでは、厳しい商業環境の下、二〇〇〇年代以降に中心商店街で展開されるまちづくりについて述べます。(10)代表的なまちづくりの取り組みとして、次の二つがあげられます。ひとつはイベントの開催です。その内容は、商業活動に直接関わるものと、商業以外の側面から市民との交流を目的に行われるものに分けることができます。前者の例として、前述のお逮夜市に連動した売り出しがあげられます。現在、この売り出しには約五〇店が参加しており、特売および買い物客への粗品の進呈などが行われています。また、後者に属するイベントは、店舗経営者と子供との交流を目的に毎年八月に開催される「わんぱくちびっ子カーニバル」をはじめ、寺内町としての地域特性を生かして、前述した中心商店街周辺の寺院を訪れる「ぶらりファミリーロード」や、大信寺のホールで行われたコンサートが該当します。

もうひとつのまちづくりの取り組みとして、空き店舗の活用が指摘できます。その動きは、御坊前通りにおいてコミュニティFM局「FMちゃお」のサテライトスタジオが開設した二〇〇五年四月にさかのぼります。二〇一一年二月と二〇一二年三月には沢の川商店街に「ファミらんど」と「ファミサロンえんがわ」が相次いで開設しました(図3)。前者は、絵本の読み聞かせや育児指導をはじめとする子育て支援活動の拠点として開設されました。他方、後者は高齢者の交流を目的に週三回開かれるサロンとなっています。このことから両施設は、市民を対象にコミュニティの構築を目的に設置されたといえます。

中心商店街で展開されるまちづくりの取り組みをみると、内容が多様化していることを反映して、活動に携わる主体は商店街組織や八尾市役所に限定されません。すなわち、イベントの実施に際しては、内容に応じて「八尾奥

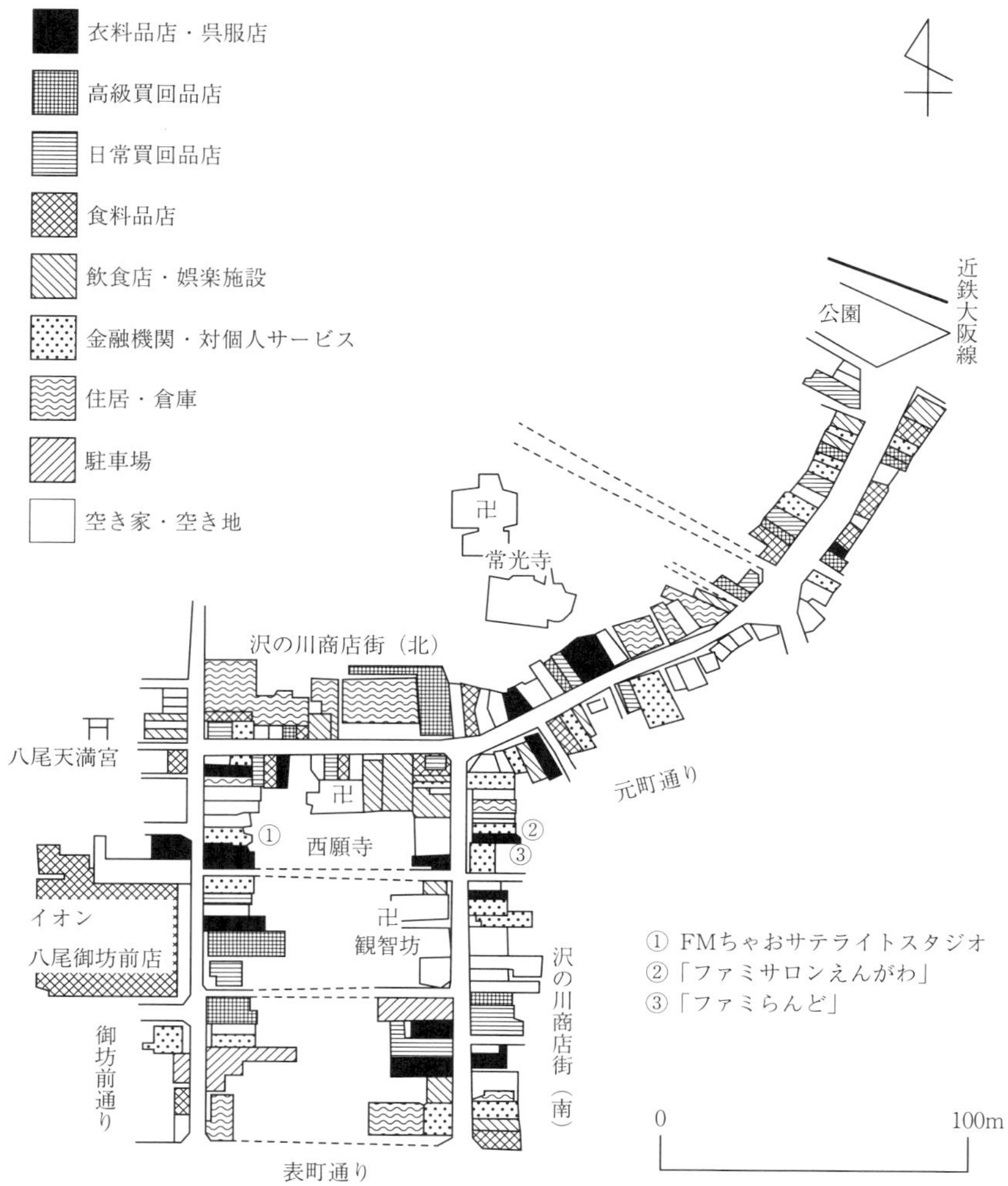

図3　中心商店街(ファミリーロード)の土地利用(2012年)

住宅地図および現地調査より作成

様フォーラム」や「八尾市活き活き市民会議」などの市民団体、NPO法人に加えて、経法大の学生の協力を得ています。また、「ファミらんど」「ファミサロンえんがわ」の建物を所有者から借りている商店街組織と八尾市役所は、各施設の運営を八尾市内にある子育てサークルとNPO法人やお市民活動ネットワークに委託しました。

しかし、現在の中心商店街でまちづくりを進めるに際しては、施設の運営を含めて活動に必要な財源の確保が大きな壁となっています。例えば、「ファミらんど」「ファミサロンえんがわ」の場合、施設の設置と運営に際して八尾市役所から補助金の交付を受けました。しかし、補助金の交付期間は一年～数年間と限定されるために、その終了後に施設の運営が難しくなる場合もあります。実際に、「ファミらんど」の施設を運営していた子育てサークルは開設から約一年後の二〇一二年三月末をもって施設運営から撤退しました。[11] その後、「ファミらんど」には二〇一三年六月、幼児向けの英会話教室が開設されましたが、二〇一四年二月に閉鎖しました。また、「FMちゃお」のサテライトスタジオも二〇一四年二月に借主の高齢化と建物の耐震問題を理由に閉鎖しました。[12] 唯一残された「ファミサロンえんがわ」では、飲食サービスの利用は有料になっています。「ファミサロンえんがわ」の場合、こうしたサービスの受益者負担を前提に、そこを訪れる高齢者をどのように増やすのかも運営面での課題といえるでしょう。

三　中心商業地における大型店と商店街の「すみ分け」の可能性—むすびにかえて—

八尾市の中心商業地では、近鉄八尾駅の移転が商業地域の再編成を促す大きなインパクトとなりました。すなわち、八尾西武とアリオ八尾が立地した新駅北側の区画整理事業区域とは対照的に、旧駅周辺では北側において一九七〇年代までに出店した大型店、そして南側の中心商店街では、小売市場を含めて古くから営業してきた個人経営による店舗の相次ぐ閉鎖をまねき、商業活動の衰退を余儀なくされました。こうした状況下で、八尾市の中心商店街で展開されるまちづくりの内容は、従来の各店舗による売り出しだけではなく、地域に根ざした歴史の掘り起こしや、空き店舗のコミュニティ施設への転用など多様化しています。また、まちづくりに取り組む主体も、商店街組織のメンバーだけではなく、外部の市民団体やＮＰＯ法人、そして経法大の学生へと拡がりをみせました。以上の動きは、大型店に比べて商業活動で不利な状況にある中心商店街が、商いの場から市民との交流の場に役割を変えることで生き残りを図ろうとしつつあることを示します。しかし、まちづくりの実践に際して、多くの財源を行政の補助金に依存せざるを得ない現状をどのように克服しながら、持続可能なものにするのかが課題として残されています。商業活動の衰退が顕著な中心商店街のまちづくりとその方向性をめぐる問題は、八尾市に限らず日本の諸都市が抱える深刻な政策課題でもあります。

　さて、八尾市役所が二〇〇九年一二月から二〇一〇年二月にかけて、市民に行った小売市場を含む商店街に関するアンケート（八尾市経済環境部環境政策課　二〇一〇）からは、商店街に対する八尾市民の認識を読み取ることができます。まず、商店街の必要性に関する問いでは、全回答者一二七八人中、「そう思う（必要性を感じる）」と回答した割合が四七・五パーセント（六〇七人）を占めました。これに対し、商店街の利用状況に関する問いでは、全回答者一二七四人中「利用していない」と回答した割合が四八・八パーセント（六二二人）に達しました。加えて、複数回答も含めてそれぞれの問いを選んだ理由で最も多いものをみると、前者では「商店街と市場の衰退は、まちのにぎわいに影響を与えるから」と回答した割合が八〇八人中、三四・九パーセント（二八二人）、後者では「わざわざ、商店街や市場に行かなくても、他で買い物できるから」と回答した割合が八二五人中、四八・六パーセント

（四〇一人）に達しました。このように八尾市民の間では、商店街の存在を認めつつも、そこで実際に買い物をする機会が乏しいという傾向が浮き彫りになりました。この調査結果は、日常生活で大型店での買い物が当たり前になる中、商店街がどのようにして大型店とすみ分けるべきかを考える上で示唆に富んでいたといえます。

八尾市の中心商店街が、アリオ八尾に代表される大型店とのすみ分けを図るためには、現在、様々な主体によって行われているまちづくりの取り組みを深める必要があります。そこで筆者は、中心商店街のまちづくりに対する二つの提案を行います[13]。ひとつは、中心商店街に経法大をはじめとする学生の需要に応じた飲食店や衣料品、雑貨の専門店を誘致し、学生が気軽に足を運べる街としてアピールすることです。もうひとつは、中心商店街を都市観光のルートに組み込んで来街者を誘導することです。例えば、大信寺などの寺院や河内音頭の発祥地という歴史的な地域資源を生かした観光ルートを作った上で、中心商店街の小売店や飲食店への来店を促すために、特産品ならびに「B級グルメ」と呼ばれる独自の食材開発を行うことなどが考えられます[14]。もちろん、これらのまちづくりを進めるためには、前述した財源のほか人材の確保が必要であり、その実現は容易ではありません。しかし、八尾市の中心商店街では、経法大や歴史的な地域資源を活用しながら、まちづくりの幅を広げる余地は十分に残されているはずです。八尾市の中心商店街で行われるまちづくりの取り組みが、試行錯誤を重ねながら進展することを望みます。

［謝辞］
本稿の作成に際して、八尾市商業協同組合（ファミリーロード）理事長の林信彦様ならびに八尾奥様フォーラムの宮崎伊都子様には、聞き取り調査において貴重なご教示を賜りました。大阪経済法科大学経済学部の高砂謙二先生には、聞

き取り調査の調整段階でお世話になりました。資料収集に際しては、大阪府立中之島図書館、八尾市立八尾図書館ならびに八尾市役所産業政策課の里見和佐子様にもご協力頂きました。末筆ではありますが、以上の皆様に厚く御礼申し上げます。

［注］

（1）一九七四年に施行（二〇〇〇年五月に廃止）された大規模小売店舗法（以下、大店法）では、店舗面積一五〇〇平方メートル（政令指定都市では同三〇〇〇平方メートル）以上の大型店を出店するに際して、出店先の市町村にある商業活動調整協議会で店舗面積、開店日、閉店時刻、休業日の四項目を調整することになっていました（渡辺　二〇一二）。

（2）アリオ八尾は、大店法の廃止と共に施行された大規模小売店舗立地法（以下、大店立地法）の下で建てられました。大店立地法では、店舗面積一〇〇〇平方メートル以上の大型店の出店審査に際して、駐車・駐輪場やゴミ処理場など店舗周辺の生活環境に配慮した施設の整備が求められました。しかし、この審査基準を容易に満たすのは、広い出店用地が確保できる工場跡地や農地であり、そこでは事実上、大型店の出店が自由になりました（渡辺　二〇一二）。そのため、大店立地法の運用は、後述する中心商店街の衰退を導く要因のひとつと考えられます。

（3）八尾西武を運営していた西武百貨店は現在、同業の「そごう」と経営統合し「そごう・西武」に社名変更されていますが、同社はイトーヨーカ堂の持ち株会社である「セブン＆アイ・ホールディングス」の傘下に入っています。したがって、アリオ八尾と八尾西武は、企業再編成の結果、ひとまとまりのショッピングセンターになったとみなすこともできます。この点は、八尾西武の屋上看板に「ＳＥＩＢＵ」のほか「Ario」のロゴが掲げられていることからもうかがえます。

（4）聞き取り調査（二〇一一年九月実施）および大西（二〇〇七）によります。

（5）一般に小売店舗で販売される商品は、購買頻度と単価から「買回品」「最寄品」に分けることができます。このうち「買回品」は購買頻度が低く、単価が高い商品を指し、衣料品や呉服のほか家庭電化製品、家具、貴金属などからなる「高級買回品」と、くつや文房具、日用品からなる「日常買回品」に細分化されます。これに対して、

「最寄品」は購買頻度が高く、単価の安い商品を指し、食料品が代表的な商品となります。
(6)聞き取り調査(二〇一二年九月実施)によります。
(7)聞き取り調査(二〇一二年九月実施)および住宅地図の判読結果によります。
(8)聞き取り調査(二〇一二年九月実施)によります。
(9)聞き取り調査(二〇一二年九月実施)および住宅地図の判読結果によります。なお、一九五三年にシロアリの食害によって崩壊した大信寺の本堂は、一九六六年にコンクリート造りの建物として再建立されました。大信寺の境内縮小は、その過程で生じたものと考えられます。
(10)ファミリーロードのホームページ(http://www.family-r.com/ 二〇一二年九月一六日最終検索)によります。
(11)子育てサークル「WAKKA—GONBO」のブログ(http://wakkagonbo.blog5.fc2.com/ 二〇一二年九月一八日最終検索)および問い合わせ(二〇一四年八月実施)によります。
(12)「FMちゃお」総務部への問い合わせ(二〇一四年八月実施)によります。
(13)以下で示した中心商店街のまちづくりに対する考えは、筆者の個人的見解に基づくものです。
(14)これに近い試みとして、二〇一一年から「八尾バル」という食べ歩きのイベントが年二回開催されており、中心商店街の飲食店も参加しています。ここでは三月に若ごぼう、七月には枝豆という八尾市の特産品をメニューとして提供することになっています。

［参考文献］

石原武政『公設小売市場の生成と展開』(千倉書房、一九八九年)。

石原武政『小売業における調整政策』(千倉書房、一九九四年)。

大西進「戦争遺跡を訪ねて(三)—強制疎開があった八尾表町、近鉄旧八尾駅前他—」(『河内どんこう』八一号、八五～九三頁、二〇〇七年)。

棚橋利光監修『保存版・八尾今昔写真帖』(郷土出版社、二〇〇九年)。

橋本寿朗「関西への進出」(由井常彦編『セゾンの歴史・下巻』リブロポート、三三六～三六八頁、一九九一年)。

八尾市経済環境部環境政策課『商業施設充足度等調査事業業務報告書』（八尾市経済環境部環境政策課、二〇一〇年）。

八尾市都市整備部『21世紀をひらく街―近鉄八尾駅前土地区画整理事業誌―』（八尾市、一九八四年）。

八尾市・八尾商工会議所『八尾の商工業―20世紀の変遷―』（八尾市・八尾商工会議所、二〇〇一年）。

安倉良二「近年の大阪市における食料品小売施設の地域的動向―小売市場・スーパーの比較を通じて―」（『京都地域研究』一三号、一二五～一四六頁、一九九八年）。

渡辺達朗『流通政策入門（第三版）―流通システムの再編と地域展開―』（中央経済社、二〇一一年）。

編集後記

本書は大阪経済法科大学の一般教養科目「河内学」の教科書として刊行を企画しました。「河内学」は開講後すでに十年以上の歴史を歩んできましたが、学生諸君の学修に資する教科書がない状態が長らく続いてきました。講義担当者の手で毎回用意していただいているレジュメに依存するだけの形では、「河内学」をやっていることの学問的意義が明確になりませんし、担当された多くの先生方の優れた講義内容も後世に残ることはありません。学生たちにも、また市民の方々にも好評価をいただいている講義内容を、やりっ放しで済ませておくことはきわめて勿体ないことでもあり、「河内学」に関心をお持ちの多くの市民の方々にも講義の中身を少しでも還元していくことで、微々たるものではありますが、大学の地域社会への貢献と連携の役割を果たす架け橋になることができるのではないかと考えております。

「河内学」を受講した学生諸君は、本書を通読することで地域社会にもさまざまな興味深い問題とテーマが無限大の広がりをもって潜んでいることを認識してくれるだろうと思います。主に経済・経営学と法学を専攻するのが本学学生の本分ですが、「河内」という地域を対象とした学問分野にもさまざまな研究を要する課題があることを改めて認識することができるでしょうし、自分の知的関心や問題意識をくすぐられ啓発されるという場面が必ずあることでしょう。心の中に起きるそのような一瞬の体験を大事にして、これからの学生生活を大いに悩み楽しんでくれたらと思っています。また、それぞれの論考は課題の切り口の提示、研究の運び方や史・資料の運用方法、あるいは文章の書き方・表現の仕方などの手本となるはずですので、じっくりと腰を据えて精読することをお勧めします。

本書は編者の力量不足から「河内学」の全講義内容を網羅し掲載できたものではありません。ごく一部の研究成果をお示しできたに過ぎません。しかし、それぞれの論考には各研究者の日頃の深い洞察と地域への熱い情熱とが交錯しているのを感得していただけるものと信じています。遺憾ながら超多忙のゆえに原稿を頂戴できなかった先生方がおられますし、続編で原稿を提供しようと約束をしていただいた方もおられます。それらに期待しながら今後の「河内学」のさらなる発展・充実を期したいと願うものであります。

最後になりましたが、本書は大阪経済法科大学経法学会の審査と助成とを得て、清文堂出版株式会社取締役社長前田博雄様にお願いし刊行する運びとなりました。積年にわたるおつきあいにより、刊行のご快諾と編集の実務に際しまして温かい励ましのお言葉を賜りまして、改めてここに感謝申し上げる次第であります。

二〇一五年三月九日

大阪経済法科大学河内学研究会

金井《かない》 年《とし》
1954年生まれ　大阪経済法科大学非常勤講師
大阪大学大学院文学研究科修了　博士(学術)
〈主要著書・論文〉
『歴史地域の変容』（共編著、大明堂、2000年）
『寺内町の歴史地理学的研究』（和泉書院、2004年）
『新版・暮らしの地理学』（共編著、古今書院、2004年）

市川秀之《いちかわひでゆき》
1961年生まれ　滋賀県立大学人間文化学部教授
関西大学大学院文学研究科博士前期課程修了　博士(文学)
〈主要著書・論文〉
『広場と村落空間の民俗学』（岩田書院、2001年）
『歴史のなかの狭山池』（清文堂出版、2009年）
『「民俗」の創出』（岩田書院、2013年）

安倉《やすくら》良《りょう》二《じ》
1971年生まれ　大阪経済法科大学・立命館大学他非常勤講師
立命館大学大学院文学研究科博士課程後期課程単位取得退学　博士(学術)
〈主要著書・論文〉
「大店法の運用からみた大型店の出店過程―京都府八幡市と久御山町を事例に―」
（『季刊地理学』56巻３号、2004年）
「愛媛県今治市における中心商店街の衰退と仲間型組織による再生への取り組み」
（『経済地理学年報』53巻２号、2007年）
「総合スーパー店舗網の再編成と大都市圏での市場深耕」
（土屋純・兼子純編『小商圏時代の流通システム』古今書院、2013年）

執筆者紹介(掲載順)

加納義彦《かのうよしひこ》
1953年生まれ　大阪経済法科大学教養部教授
神戸大学農学部卒業　京都大学理学博士
〈主要著書・論文〉
「ため池の水環境の保全とニッポンバラタナゴの保護」
(石井実編『生態学からみたみた里やまの自然保護』講談社、2005年)
「ニッポンバラタナゴ—池干し—」(高橋清孝編『田園の魚をとりもどせ』恒星社厚生閣、2009年)
「バラタナゴの繁殖戦略」(長田芳和編『淡水魚研究入門—水中のぞき見学—』
東海大学出版部、2014年)

桑原武志《くわはらたけし》
1952年生まれ　大阪経済法科大学非常勤講師
大阪経済法科大学法学部卒業
〈主要著書・論文〉
「藤阪宮山遺跡」(帝塚山大学考古学研究室『旧石器遺跡をめぐる諸問題』、1981年)
「藤阪宮山遺跡のナイフ形石器について」(財団法人枚方市文化財研究調査会『研究紀要第1集』、1984年)
「枚方市藤阪宮山遺跡出土の石器群」(日石器文化談話会『旧石器考古学35』、1987年)
「難波の古墳めぐり」(瀬川共則編著『楽しい古墳めぐり』松籟社、1994年)

米田敏幸《よねだとしゆき》
1955年生まれ　古代学研究会会員
大谷大学文学部卒業　八尾市こども未来部
〈主要著書・論文〉
「土師器の編年—近畿—」(石野博信他編『古墳時代の研究6』雄山閣、1991年)
『高安城の外郭線について』(共著、古代学協会、1999年)
「中河内の弥生時代遺跡と金属製遺物について」(村川行弘監修『実証の地域史』
大阪経済法科大学出版部、2001年)
「近畿の山陰系土器」(石野博信編『初期古墳と大和の考古学』学生社、2003年)
「土師器」(奈良県立橿原考古学研究所監修・河上邦彦編『大和の古墳2』近畿日本鉄道、2006年)
「畿内の前半期古墳と古式土師器」(菅谷文則編『王権と武器と信仰』同成社、2008年)

棚橋利光《たなはしとしみつ》
1937年生まれ　大阪府文化財愛護推進委員・元八尾市立歴史民俗資料館長
大阪教育大学・大阪市立大学文学部卒業
〈主要編著書・論文〉
『八尾・柏原の歴史』(松籟社、1981年)
『古代高安城論』(高安城を探る会、1985年)
「物部氏旧領と四天王寺」(『大阪の歴史』第29号、1990年)
『四天王寺史料』(清文堂出版、1993年)
『四天王寺古文書』第一・二巻(清文堂出版、1996年)

編者

浅見《あさみ》　緑《みどり》
大阪経済法科大学教養部教授
京都大学大学院博士課程後期修了　文学修士（奈良女子大学）

橋本《はしもと》　久《ひさし》
1942年生まれ　大阪経済法科大学名誉教授
環境アニメイティッドやお代表・前八尾市立歴史民俗資料館長
京都大学大学院法学研究科博士課程単位取得退学　京都大学法学修士
〈主要著書・論文〉
『日本法史年表』（共著、日本評論社、1981年）
『宝塚市大事典』（共編著、宝塚市、2005年）
『満州事変前夜の在間島総領事館文書』上・下（共編著、大阪経済法科大学出版部、1999・2006年）

前田晴人《まえだはると》
1949年生まれ　大阪経済法科大学教養部客員教授
神戸大学大学院文学研究科修士課程修了　文学修士
〈主要著書・論文〉
『日本古代の道と衢』（吉川弘文館、1996年）
『古代王権と難波・河内の豪族』（清文堂出版、2000年）
『飛鳥時代の政治と王権』（清文堂出版、2005年）
『古代女王制と天皇の起源』（清文堂出版、2008年）
『卑弥呼と古代の天皇』（同成社、2012年）

「河内学」の世界
2015年５月15日発行
編　者　大阪経済法科大学河内学研究会
発行者　前田博雄
発行所　清文堂出版株式会社
〒542-0082　大阪市中央区島之内2-8-5
電話 06-6211-6265　FAX 06-6211-6492
ホームページ＝http://www.seibundo-pb.co.jp
メール＝seibundo@triton.ocn.ne.jp
振替 00950-6-6238
印刷：亜細亜印刷　製本：渋谷文泉閣
ISBN978-4-7924-1040-7　C3021

近世の建築・法令・社会　妻木宣嗣
西日本の寺院を主たる舞台に、施主・工匠といった「人」と規制法令の関係を基軸に、近世社会と建築の関係を照射する。　九四〇〇円

近世日本の対外関係と地域意識　吉村雅美
平戸における英蘭商館の記憶や辺境防衛組織としての「藩」意識の芽生え等、内在化した対外関係が地域社会にもたらした影響を考察する。　八七〇〇円

中世後期畿内近国の権力構造　田中慶治
興福寺との緊張関係の中で台頭した大和の国人や惣国一揆の権力構造の描出のみならず、国人の末裔たちの近世の生きざまにも目を向ける。　九五〇〇円

近世日本の言説と「知」
―地域社会の変容をめぐる思想と意識―　浪川健治・小島康敬 編
東北諸藩の人物を中心として、時代に先駆けて新時代への軟着陸を図った人々の言説に、時代・地域の如何を問わない意義を見出していく。　八六〇〇円

近世城下町の運営と町人　松﨑範子
熊本町奉行廃止後の熊本城下町の町人が、藩庁との直接の関係下で流通政策や都市政策、社会政策まで手がけるに至る成長過程を描出する。　九二〇〇円

価格は税別

清 文 堂
URL = http://seibundo-pb.co.jp E-MAIL = seibundo@triton.ocn.ne.jp